# 质量认证背景下的幼儿园自我评价

## ——提升幼儿园教育质量的行动经验

[美] 雷切尔·罗伯森　　[美] 米莉安·德莱斯勒 ｜ 著
Rachel Robertson　　　　Miriam Dressler

刘　昊　陈敏倩　张冬霞 ｜ 译

教育科学出版社
·北京·

# 译者序

近些年，随着我国幼儿园教育资源的不断增加，如何提升幼儿园教育质量成了学术界和实践界共同关注的热点话题。对幼儿园进行评价，并基于评价结果采取一定的奖惩或扶助措施，是保障幼儿园教育质量的重要方式之一。

从世界范围看，越来越多的国家开始采取这种方式，制定了相近的政策和制度。美国可以算是最早的探索者之一。自 21 世纪初，美国各州政府开始建立"质量评级与促进系统"（Quality Rating and Improvement System），由州政府实施对各类幼教机构的评级，评级的结果与后续的资金奖励挂钩。目前，美国已经有四十多个州建立了评级系统，参与评级的幼教机构超过了 11 万所。此外，美国很多民间专业组织也围绕评价开展了一系列服务。通过认证的幼教机构往往享有更高的声誉，在招生中占据一定的优势。

然而，谈到教育质量的提升，对于一所幼儿园来说，仅去参与评价或通过认证绝不是全部。正如一则西方谚语所说，"称一头猪并不能让它变胖"。接受外部评价给一所幼儿园带来的是声誉或资金激励，以及让幼儿园获得对自身质量状况的客观认识、对存在问题的诊断。这些可能会成为激励幼儿园提升自身质量的动力、意识，并提供客观的起点。但是，再完备、再精致的外部评价也不可能自动带来质量提升。从质量评价到质量提升存在一定的路径。如果我们只研究外部评价，那么就等同于把这些路径装进了一个"黑箱"里，探寻不到幼儿园质量提升的真正方式。

打开这一"黑箱"的关键在于深入幼儿园内部、站在实践者的"局内人"

立场上，将幼儿园视为评价的主体而非客体，去探索自我评价的机制和规律。

所谓自我评价，按照该领域研究的先驱之一范·佩特赫姆（Van Petegem）的界定，是"主要由学校发起，在学校整体发展的背景下，出于做出决策、实施变革的目的，认真选择参与者、系统地描述和评价学校运行状况的过程"①。自我评价是与外部评价共生的一对矛盾体，自我评价这一概念在欧洲的诞生源于各国学校在政府自上而下的外部评价的压力下形成的一股反作用力。随着扩大学校办学自主权的呼声越来越强，一些国家的政府开始把管理权力向学校下放，由此以学校为主体实施的评价逐渐受到了理论与实践的重视。

国外学者基里亚基德斯（Kyriakides）和坎贝尔（Campbell）曾经总结过这对矛盾体共生的形态。第一，平行模式，即外部评价和自我评价同时进行，然后将结果进行比较。第二，序列模式，即先后进行，如先进行自我评价，外部评价时参考自评的结果，这是目前各国普遍采用的方式。我国开展督导或等级评定之前，会让幼儿园先进行自我评价。第三，合作模式，外部评价者和学校共同决定评价的内容和标准，达成视域融合并合作实施，从而得到更为统整的评价结果。

在本书中，幼儿园进行自我评价时采用的标准是基于外部的第三方评价体系，实施的程序和方法也大多参照了第三方评价要求。因此如果按照上述三种模式来看，它基本属于第二种。本书原版书名叫作"Prove It"，直译过来是"向别人证明你优秀"。我们从中可以看到，它所讨论的自我评价，是作为迎接外部评价的准备阶段，"副产品"的意味十分明显。

基里亚基德斯和坎贝尔认为，无论是平行模式还是序列模式，它们都不能充分地彰显学校办学的自主权和个性化，不能充分地体现出自我评价的价值，因此最终的发展趋势是走向合作模式。不过，在各国越来越强调自上而下考评的背景下，他们的这一愿景更像是一种乌托邦式的幻想。让幼儿园和政府平起平坐地商讨评价标准，共同开展评价，似乎有些难以想象。

---

① Vanhoof, Van Petegem. Matching Internal And External Evaluation In An Era of Accountability And School Development: Lessons From A Flemish Perspective [J]. Studies in Education Evaluation, 2007(33)：101.

　　尽管如此，我们依然不能忘记自我评价并不是完全依附于外部评价的附属物，而是一个具有自身价值的独立存在。它与外部评价至少有如下几方面的差异。第一，在评价目的上，外部评价往往充当监管、考评或激励的依据，属于终结性评价，具有"高利害"性。自我评价并不是为了配合某种外部的激励，而是为了满足幼儿园内部保教质量提升的需求，是"低利害"的，更多地具有形成性评价的特征。第二，评价的目的不同，决定了两种评价秉持的价值追求不同。"高利害"的外部评价追求的是权威性和外部公平，这些价值主要存在于评价主体之于评价对象的外部关系中，具有明显的外部性。自我评价则须重点关注幼儿园内部，追求的价值寓于组织氛围和教育成效提升中，是向内的价值。第三，在评价内容上，外部评价仅考察少数可以"窥一斑而知全豹"的关键因素，往往借此对幼儿园整体质量做出较为准确的评判。自我评价为了指导幼儿园开展全面的质量诊断和提升，需要采用尽可能全面、细致的指标，为幼儿园指明各项工作的方向和方法。第四，在评价方法上，外部评价一般使用标准化的工具和程序，采用非参与式的观察、访谈、问卷等方法，结果通常借用数字的方式呈现。自我评价不排除参与式的信息采集，允许评价者与被评价者在互动中逐步达成相互之间的深入理解。记录和分析的方式是灵活的，不仅可以采用量化的方法，也可以以文本、图示、影音资料、档案袋等多种方式呈现，并采用质性的方法加以分析。

　　因此，在进行自我评价时，幼儿园不应全然照搬外部评价的内容和方法，而应当基于幼儿园的实际需求，采用更加个性化、灵活的方式。更重要的是，要以自我评价为一种思考日常管理工作的视角或切入点，使幼儿园管理成为一个"自我评价—自我改进"的螺旋上升的闭环系统。

　　这样的系统实际上是对各项具体管理工作的功能重构。以保教管理（或称业务管理）为例，在幼儿园实践中，保教管理工作的内容繁多，包括保教制度建设、规划计划、日常规范、保教督导（深入班级指导）、半日活动评价、保教评价、教（科）研、教师培训等。这些工作有时给业务干部和老师"令出多门、各自为政"之感，经常疲于应付。导致这一现象出现的原因是多方面的，既有宏观管理体制上的原因，如上级教育行政或监管部门的要求过于僵化，削弱了幼儿园对各项工作价值的认识和内在动力，也有幼儿园管理理念和方法上的原因，即未能采用系统论的思维，将保教管理工作视为一个整体的系统，从而达到"减能增效"的效果。

如果从"自我评价—自我改进"系统的视角出发，其实我们可以将这些工作划分为三个相互关联的子系统。第一，"评价标准"子系统，包括设立保教工作的常规要求、制订制度、建立保教人员规范、确立保教活动质量要求等。这里的标准不能简单套用外部统一标准，而应基于幼儿园实际和特色，在全体教职员达成共识的基础上确立，并且要注意在各项制度、规范之间建立一致性，尽可能采用相同的文本表述。第二，"评价实施"子系统，不仅包括传统意义上的保教评价、半日活动评价、教师考核等，还包括业务干部在日常实施的保教督导，即通常所说的深入班级指导。这些工作应在目标、内容、方式上形成内在一致性：在目标上要共同致力于收集信息、分析研判问题；在内容上应基于相同的标准，减少一项工作一套标准的"令出多门"现象；在实施方式上，把上述工作都视为重要的形成性评价手段，采纳发展性、过程性的评价取向。在本子系统中，保教督导工作具有天然的形成性评价特征，因此可作为核心。第三，"评价结果反馈"子系统，包括教研、培训、教师专业发展规划与支持等。这几项工作都应在分析研判评价结果的基础上开展，前二者主要致力于解决共性问题，后者侧重于解决个性化问题。上述三个子系统共同构成了一个循环往复、螺旋上升的过程，目标是形成持续地动态调整、不断改进的良性循环。

与本书中的内容相比，我们在这里所讨论的"自我评价—自我改进"系统是一种更具有独立性的自我评价。谈论这些似乎有些超出了本书内容，但是由于中美两国的质量评价系统存在着诸多差异，本书内容显然是无法直接搬到中国的幼儿园的。所以，如果读者在阅读本书的过程中能做一点"跳出来"的思考，那么本书的价值才能得到更大程度的发掘和利用。前文的讨论就是希望能够提供一种思考的角度，抛砖引玉式地引发对中国幼儿园自我评价理论和实践的探索。

本书的翻译工作由 3 名译者共同完成。序言和第一、二、三、四章由刘昊翻译，第五、六、十二、十三章和附录由张冬霞翻译，第七、八、九、十、十一章由陈敏倩翻译。由于译者水平所限，译文中必有诸多疏漏之处。出于文化、制度、实践方式的差异，某些术语或表述多多少少存在不符合读者阅读习惯之处，还请读者予以谅解并多多指正。

刘昊

2020 年 11 月

所有的儿童都应该得到成人能够给予的最好的东西。

我们将这本书献给那些不满足于当下并每天致力于实现这一使命的人们。

作为本书作者之一，雷切尔·罗伯森要把本书献给自己的女儿们以及为她们付出过最大努力的老师们。

同样，米莉安·德莱斯勒作为本书的另一名作者，也要把本书献给身边至亲至爱的人，包括一起工作的同事。大家都相信，即使是做一件小事情，也会带来大改变。

# 目　录

行动列表

序言

致谢

概述

使用本书 ···················································· 1

各章内容简介 ············································· 1

案例机构：阳光儿童发展中心 ···················· 4

第三方质量认证体系 ································· 5

术语释义 ·················································· 7

## 第一部分　为质量认证做准备

第一章　理解第三方质量认证体系 ··················· 11

什么是第三方质量认证体系？ ····················· 11

全美幼教协会 ············································ 13

美国儿童护理专业协会 / 美国认证委员会 ········· 14

全美学前教育机构认证委员会 ····················· 15

环境评价量表 ············································ 16

其他体系 ·············································· 17

各地特有的质量认证系统 ························· 18

为什么要寻求第三方质量认证? ··············· 19

第二章 选择第三方质量认证体系················· 23

步骤 1:问"为什么" ····························· 25

步骤 2:做好充分准备 ··························· 27

步骤 3:找到匹配的选择 ························· 31

第三章 作为领导者的角色····························· 36

成人是如何学习的? ····························· 37

在幼教机构中进行有效的沟通 ················ 40

在幼教机构中营造变革的氛围 ················ 44

第四章 促进教师专业发展····························· 49

专业发展的背景和研究情况 ···················· 49

当前状况和要求 ··································· 52

如何达到教师资质要求? ························· 53

为专业发展制订计划 ····························· 64

教师专业发展在第三方质量认证体系中扮演的角色 ·············· 67

# 第二部分 过程

第五章 自我评价的过程······························· 71

自我评价的目的 ··································· 72

自我评价的价值 ··································· 76

第六章 使用自我评价材料····························· 79

自我评价第一步:评价目前的质量水平 ······· 80

自我评价第二步:改进计划 ···················· 82

自我评价第三步:实施改进 ···················· 87

自我评价第四步:重新评价质量水平 ·········· 88

# 第三部分　内容

**第七章　物质环境**·············································95

定义···························································95

重要性························································95

评估···························································96

材料···························································97

设计···························································98

户外·························································102

实施·························································104

**第八章　健康与安全**·········································110

定义·························································110

重要性······················································111

清洁卫生····················································112

物质环境····················································113

健康与安全措施·············································113

营养·························································114

监督管理····················································114

评估·························································115

实施·························································125

**第九章　教和学**···········································128

定义·························································128

教和学的组成要素···········································129

重要性······················································132

教学·························································132

实施·························································133

学习·························································140

第十章　评价学习和发展情况 ················································ 147

　　定义 ···················································································· 147

　　重要性 ················································································· 147

　　评估 ···················································································· 149

　　实施 ···················································································· 152

　　收集持续体现儿童发展的证据 ········································· 154

第十一章　家庭和社区的参与 ················································ 157

　　定义 ···················································································· 157

　　重要性 ················································································· 158

　　评估 ···················································································· 158

　　实施 ···················································································· 161

# 第四部分　接下来做什么？

第十二章　现场评价考察 ························································· 173

　　为考察做准备 ······································································ 173

　　现场考察 ············································································· 177

　　对结果的回应 ······································································ 179

第十三章　保持质量标准 ························································· 182

　　走上轨道 ············································································· 183

　　保持在轨道上 ······································································ 184

　　第三方质量认证体系材料要求 ········································· 186

　　享受益处 ············································································· 187

附录 A　为质量认证做准备 ··················································· 189

　　了解周围其他幼教机构的质量认证情况 ·························· 190

　　第三方质量认证体系信息 ················································· 191

　　学习风格测验 ······································································ 193

　　职业发展规划表 ································································· 195

　　　　职业发展规划表（含目标）⋯⋯⋯⋯⋯⋯⋯⋯⋯⋯⋯⋯⋯⋯⋯ 195

附录 B　质量认证过程 ⋯⋯⋯⋯⋯⋯⋯⋯⋯⋯⋯⋯⋯⋯⋯⋯⋯⋯ 197

　　　　文字材料或证据收集 ⋯⋯⋯⋯⋯⋯⋯⋯⋯⋯⋯⋯⋯⋯⋯⋯ 198

　　　　时间规划 ⋯⋯⋯⋯⋯⋯⋯⋯⋯⋯⋯⋯⋯⋯⋯⋯⋯⋯⋯⋯ 200

　　　　自我评价计划进度检查清单 ⋯⋯⋯⋯⋯⋯⋯⋯⋯⋯⋯⋯⋯ 204

　　　　家庭行动计划 ⋯⋯⋯⋯⋯⋯⋯⋯⋯⋯⋯⋯⋯⋯⋯⋯⋯⋯ 205

　　　　教职员培训计划 ⋯⋯⋯⋯⋯⋯⋯⋯⋯⋯⋯⋯⋯⋯⋯⋯⋯ 206

　　　　班级行动计划 ⋯⋯⋯⋯⋯⋯⋯⋯⋯⋯⋯⋯⋯⋯⋯⋯⋯⋯ 207

　　　　主管行动计划 ⋯⋯⋯⋯⋯⋯⋯⋯⋯⋯⋯⋯⋯⋯⋯⋯⋯⋯ 208

附录 C　质量认证内容 ⋯⋯⋯⋯⋯⋯⋯⋯⋯⋯⋯⋯⋯⋯⋯⋯⋯⋯ 209

　　　　规定和程序 ⋯⋯⋯⋯⋯⋯⋯⋯⋯⋯⋯⋯⋯⋯⋯⋯⋯⋯⋯ 210

　　　　物质环境检查表 ⋯⋯⋯⋯⋯⋯⋯⋯⋯⋯⋯⋯⋯⋯⋯⋯⋯ 213

　　　　健康与安全检查表 ⋯⋯⋯⋯⋯⋯⋯⋯⋯⋯⋯⋯⋯⋯⋯⋯ 214

　　　　标准评估表 ⋯⋯⋯⋯⋯⋯⋯⋯⋯⋯⋯⋯⋯⋯⋯⋯⋯⋯⋯ 215

　　　　师幼互动自测表 ⋯⋯⋯⋯⋯⋯⋯⋯⋯⋯⋯⋯⋯⋯⋯⋯⋯ 216

　　　　家庭调查表 ⋯⋯⋯⋯⋯⋯⋯⋯⋯⋯⋯⋯⋯⋯⋯⋯⋯⋯⋯ 217

　　　　家长调查表 ⋯⋯⋯⋯⋯⋯⋯⋯⋯⋯⋯⋯⋯⋯⋯⋯⋯⋯⋯ 219

　　　　家庭及社区活动策划表 ⋯⋯⋯⋯⋯⋯⋯⋯⋯⋯⋯⋯⋯⋯ 220

附录 D　迎接现场考察与评价的教师工作 ⋯⋯⋯⋯⋯⋯⋯⋯⋯⋯ 221

　　　　教师工作 1：回顾标准 ⋯⋯⋯⋯⋯⋯⋯⋯⋯⋯⋯⋯⋯⋯ 222

　　　　教师工作 2：讨论标准 ⋯⋯⋯⋯⋯⋯⋯⋯⋯⋯⋯⋯⋯⋯ 224

　　　　教师工作 3：学习环境创设 ⋯⋯⋯⋯⋯⋯⋯⋯⋯⋯⋯⋯ 228

　　　　每日巡查表 ⋯⋯⋯⋯⋯⋯⋯⋯⋯⋯⋯⋯⋯⋯⋯⋯⋯⋯⋯ 229


参考文献⋯⋯⋯⋯⋯⋯⋯⋯⋯⋯⋯⋯⋯⋯⋯⋯⋯⋯⋯⋯⋯⋯⋯⋯⋯ 231

# 行动列表

行动 1　你准备好了吗?

行动 2　寻求第三方质量认证的原因

行动 3　寻求第三方质量认证的 5 个重要原因

行动 4　为了得到更多资金支持而参与第三方质量认证

行动 5　为了更好地营销和招生而参与第三方质量认证

行动 6　为了提升质量而寻求第三方质量认证

行动 7　出于重要利益相关者的要求而寻求第三方质量认证

行动 8　寻求第三方质量认证的其他原因

行动 9　做好准备

行动 10　面对变化时的态度

行动 11　为自我评价做时间规划

行动 12　检查文件合规性

行动 13　管理标准清单

行动 14　设施维护清单

行动 15　教室里的健康与安全清单

行动 16　药物管理清单

行动 17　食品安全和营养清单

行动 18　质量标准的一对一比较

行动 19　快速测试：教师在什么时候进行教学？

行动 20　师幼互动测试

行动 21　与评价学习和发展情况相关的内容

行动 22　对儿童评价工作进行评估

行动 23　联系信息

行动 24　整理清单列表

行动 25　质量认证后测验

行动 26　通过质量认证后的材料要求

# 序　言

　　"认证""质量评价系统""环境质量评价量表"，幼教圈里的人们越来越多地谈论、看重这些词。近年来，各个国家投入了越来越多的精力用于测评教育的产出结果，这些测评让我们对于学前教育如何影响儿童发展有了更多的认识。基于这些认识，各个国家要求学前教育质量要达到一定的质量标准，保证儿童能够从中获得丰富、有意义的经验。但是，达到质量标准并不是一件容易的事，对教育目标的追求并不意味着一个人一定会热衷于改进教育过程。如果你要看这本书，那么你可能是一家幼教机构的负责人，正在打算或者有人要求你接受第三方质量认证。很多与你处于同样境况的人对此事怀有复杂的心情。不可否认，这是一件大事，会花费很多的时间。它很可能会大大改变你对儿童及学前教育的理解和做法。幸运的是，有了本书，你只要心中抱有"为儿童提供最好的教育"这个目标，不再需要其他的条件，就可以开始这项工作。

　　毕竟，为儿童提供最好的教育，这是我们接受质量认证的初心。我们（作者）都曾带领自己的幼教机构接受过第三方质量认证，深切感受其艰难，当然也感受到种种焦虑和不安。雷切尔（Rachel）的第一份正式工作是一家夏令营的主管。在上任的第一个夏天，她就经历了一次质量认证，当时她对"认证"这个词的含义还知之甚少。后来，她就职于一家接受过全美幼教协会（NAEYC）认证的幼教机构，那家幼教机构把一切工作都和全美幼教协会的质量标准进行对照，大家说的话对那时的她来说，简直像是"外语"。在这家幼教机构坚持质量标准并通过认证后，雷切尔很快认识到有一份可参照的质量标准的价值所在。

第一次参加第三方质量认证的经历，让米莉安（Miriam）感到非常辛苦而困窘。她当时担任了一家幼教机构的主管，在刚刚摸到门道的时候，就收到了同事搬来的一箱材料，告诉她："嗨，好消息，机构认证现场考察安排在了八月份。"当时已经是三月了！姆里亚姆读了那些材料，很快意识到自己离可以提交认证考察申请的标准还相差甚远，有太多的自查工作要做。于是，夜以继日的工作开始了，一路伴随着各种变革、员工流动和巨大的心理压力。她在这个过程中学到了一点：接受第三方质量认证不能操之过急，也不能强充门面。尽管那次她的机构通过了认证，但实际上真正了解质量标准内容的只有她和她的助理两个人，于是机构成员在后期坚持质量标准就成了一件难事，她花费了很长时间帮助其他员工掌握相关的知识和技能，以避免犯错。

近年来，我们（作者）的专业团队帮助 1700 多家幼教机构接受了第三方质量认证。最近，我们在为一些专门提供此类服务的机构和组织做咨询工作。我们还是一些国家层面质量标准的验证者，同时参与了一些开发或改进质量标准的工作。换句话说，我们都有过痛苦的经历，而这种令人挠头、废寝忘食的工作到最后却是值得的。我们知道，机构中的儿童也必将从你的辛勤工作和热情投入中获益良多。

不管你在质量认证这段旅程中的心情如何，这段旅程其实常常是令人感到窘迫并且耗费时间的。我们经常会碰到机构负责人向我们倾诉他们的挫败感，因为要做的、细致入微的工作太多，但却没有时间去做。即便他们很辛勤、很热情，也依然避免不了有这样的挫败感。有一名负责人曾对我们说："我必须接受认证。如果它对孩子们来说是好的，我怎么能不去做呢？"他说这句话时是晚上九点，正坐在办公室地板上一堆堆的文件材料当中，对照着质量标准做准备工作。

要让幼教工作者认可寻求第三方质量认证的价值和意义并不难，难的是获得相关的资源和支持，帮助他们做好准备，让他们在此过程中建立机制、寻找工具并有效地领导团队，体验到成功。同样重要的是，很多机构负责人在准备认证的过程中失去了工作和生活的平衡，我们希望这本书能帮助你不用在质量认证和家庭生活、业余爱好之间做痛苦的选择。

这本书就是为你而写的。我们希望本书中的想法、建议、主意对你来说是有意义的，并且可以在保持整体架构完整的同时适应于你的个别需要。每一章都将聚焦于某一个重要方面，包括定义、背景、操作性工具和资源等。概述中的内容会包含一些细节。多年来我们一直在努力寻找成功通过第三方质量认证的最好方法和工具。我们和成百上千家幼教机构一起经历了这个重要的过程，也从中获得了宝贵的经验。我们很幸运地看到这些机构在整个过程中取得的进步，以及它给儿童、家庭、教师带来的益处。我们也知道一家幼教机构通过质量认证和保持质量标准，能够给儿童带来多么巨大的改变，而这正是我们幼教工作者的最终目标。

当一个人要开始进行第三方质量认证这样一个具有挑战性、花费很多时间、经常令人感到困窘的旅程时，他会希望有一名导师或朋友站在身旁。我们希望本书能成为仅次于导师或朋友的角色。本书不是要替代第三方质量认证的官方标准和材料，而是希望作为一种增补品，和你分享一些有关定义、背景和具有操作性的建议。我们希望你能真正用好本书，去阅读、记录、标记、复印有用的内容，画出有用的提示——只要能帮助你读懂、读透并最终成功地达成目标即可。你在书中看到的工具、评价、活动等，都旨在帮助你理解、准备、进步，让你终有一天跳起来庆祝："目标实现了！我们做到了！"

从现在来看，那一天似乎还很遥远，但是我们希望本书能帮助你最终等到那一天。无论这是你第一次开始第三方质量认证，还是你职业生涯中的第四次或第五次，本书所列的工具和资源都能帮到你。第三方质量认证一直随着研究的进展、新技术的出现和新资源的利用而发生变化，这使得你根本无法凭借老经验接受新评估。实际上，在最近几年的评估中，老经验反而会成为一种障碍。我们认识的很多幼教机构负责人在迎接新的评估时经受了很多不必要的挣扎，就是因为他们过于依赖自己的已有经验，这些经验是他们从辛苦的工作中积累得来的，但是却过时了。另外，进行评价的一个最有价值的副产品，就是个人的专业成长。在每次经历这个过程时，你都会学到不一样的新东西。每一次的经历都是丰富而有意义的，能激发你产生新想法，给幼教机构带来积极的变化。如果你因为自己以前接受过第三方质量认证，就认为下一次再认证时就不需要得到外部帮助了，这其实像因为上次吃饭时是跟某一位朋友共同进餐，就决定将来外出吃饭都不再需要其他朋友陪伴一样。我们希望你的质量认证经历不仅是丰富的、有意义的，还能因为有了这本书而变得更容易、更轻松。

虽然本书的目标读者是幼教机构负责人、管理者，但教师同样也可以在质量认证过程中受益。不管职位如何，每个人都有不同的技能、知识、经验水平。同时，每个人对第三方质量认证的熟悉程度不同，这些都有益于大家从各自的角度贡献自己的独特经验和智慧。

追求第三方质量认证是一件大事。不管你是第一次进行第三方质量认证，还是已经有过好几次认证经验，这项工作包含的任务和目标都是值得关注和思考的。世界上并不存在一条通往质量认证的最佳途径，关键在于能够最终实现质量认证提出的目标。本书提出的步骤和资源都是从真实的工作需求和经验中得来的。无论你是逐章阅读还是跳着浏览，只要你认真思考，那么第三方质量认证对你的幼教机构而言，其意义就不再仅仅限于墙上的一张证书，而是会对幼教机构的教育质量以及所服务的儿童产生长远而又深刻的影响。

# 致　谢

不经过辛勤的努力，任何词语是不会自动落到纸上并变成一本书的。没有这些努力，没有在此过程中许多人对我们的支持和帮助，就不会有本书的问世。

我们要感谢基拉·奥斯滕多夫（Kyra Ostendorf），他知道我们是适合写作本书的作者，给我们提供了这个机会。感谢大卫·希思（David Heath）和琼·库克（Jean Cook）做了全面细致的编辑工作。还要感谢我们的质量认证团队成员，很想念大家。我们知道，自己的很多想法和知识都是在与他们共同工作的过程中获得的。

# 概　述

## 使用本书

我们并不期待你能逐页阅读本书，你完全可以从中选取符合自身情况的内容来看。我们首先要对各章内容做简要介绍，以便你从中选择。本书虚构了一家幼教机构——"阳光儿童发展中心（Sunshine Child Development Center）"。之所以虚构这样一家幼教机构，是为了更好地在文中举例，帮助你理解第三方质量认证的过程。我们还提供第三方质量认证的体系列表以及相关术语的解释。将术语放在本书开头，比附在本书最后更便于使用。

## 各章内容简介

### 第一部分　为质量认证做准备

本部分主要介绍对你理解并下决心寻求第三方质量认证体系而言比较重要的想法、概念和知识。

#### 第一章　理解第三方质量认证体系

本章对第三方质量认证体系提供一个概览，即介绍它们是什么及其在幼教工作中的重要性。本章对第三方质量认证体系做了细致介绍，并提供了考察准备状况的评价表，帮助你更好地理解自己的幼教机构在多大程度上做好了接受第三方质量认证的准备。

### 第二章　选择第三方质量认证体系

本章会引导你思考做出选择时需要考虑的各种因素。无论你已经决定了要参与哪个质量认证体系或仍在考虑中，在接受第三方质量认证之前认真思考自己的动机都是十分必要的。

### 第三章　作为领导者的角色

一些幼教机构经常犯这样的错误，即不认真考虑教师队伍的需要。将关注点更多地放在儿童身上，这毫无疑问是正确的。但是，教师在接受第三方质量认证的过程中也有可能会迷失自己。这样的后果是教师对此缺乏认同感。在质量认证开始前，考虑教师的需求以及创设一个变革的氛围，是你的幼教机构占据先机的重要方面。本章内容聚焦于你应如何与教师交流，以支持和领导他们。

### 第四章　促进教师专业发展

教师的知识、能力和技能直接影响着学前教育的质量水平。各地的审批和质量评级系统越来越强调教师专业发展。本章对相关的标准进行了考察，讨论了对于专业发展热心或不热心的教师，幼教机构应该怎样支持他们更好地寻求专业发展。

## 第二部分　过程

本部分描述了为迎接第三方质量认证进行准备的过程。每一章聚焦一个方面，引导你理解要做什么、为什么要做以及如何去做。

### 第五章　自我评价的过程

评估自己的幼教机构状况、收集信息、进行改进，这属于自我评价的过程。研究表明，自我评价本身就是具有价值的，我们也应该将其视为一项有价值的工作，而不仅仅将其视为迎接评估的手段。也就是说，对自我评价的意义和过程的全面理解，能帮助你遵循一定的步骤扎实地走完这个过程。

### 第六章　使用自我评价材料

很多水平较高的幼教机构负责人在收集完自我评价的材料后会暂停工作。既然他们现在已经步入正轨，也知道自己在做什么并收集到了所有需要的材料，那么这时他们应该问自己："现在该做什么了？"本章将展示朝正确方向努力应该采取的步骤。现在，你已经对自我评价的过程和方法有了深入了解，我们可以告诉你如何在此基础上付诸行动。经验告诉我们，最好制订一个具有操作性和可行性的行动计划。本章将提供这方面的经验和提示。

## 第三部分　内容

本部分讨论第三方质量认证系统中最常见和最重要的内容。本部分的每章具有类似的格式，通过定义每个主题的内涵并阐述如何在真实场景中具体实施，重点关注各自不同的领域。它们将标准与现实情况联系起来，为具体实施提供建议和评估工具。

### 第七章　物质环境

如果合理地创设物质环境并适当地加以利用，那么它算得上另外一名"教师"。一间精心设计的教室可以增加儿童学习的机会，丰富儿童的经验。本章关注室内和室外的设施和设备，详细介绍了如何创设、利用和评估儿童的学习环境。

### 第八章　健康与安全

健康与安全是大多数第三方质量认证系统的主要关注点，其中最重要的是必须保护儿童。没有健康与安全的环境，做其他任何事情都是徒劳的。本章集中讨论政策和具体实施，这将有助于幼教机构主管理解标准及其重要性。

### 第九章　教和学

本章阐述了幼教机构中的重要关系和学前教育方法，重点是在照料和教育环境中实现学习和发展机会的良性循环，以及清楚教师如何利用课程、评估和自发的教学时间来计划、实施个性化教学。

### 第十章　评价学习和发展情况

观察和评估在学前期越来越受到重视。虽然评估是多方面的，但并不复杂。本章阐述了评价儿童的学习作为教和学循环系统中最后一步的重要价值，包括如何实施简单而有效的观察和评估，以达到第三方质量认证系统的要求。

### 第十一章　家庭和社区的参与

一家期望达到第三方质量认证系统标准的幼教机构，如果没有和家庭以及更广泛的社区建立联系，就不可能真正实现高质量的教育。本章着重于阐述幼教机构的教职员优化这些关系的具体方法。

## 第四部分　接下来做什么？

本部分介绍在现场考察前、中、后需要做什么。在自我评价时，人们常常会犯一个错误，即认为在第三方质量认证给出结果后，事情就结束了。这是不对的，其实工作才刚刚开始。保持高水平需要每天不懈地努力和投入。本部分的章节将讨论在得到认证结果和反馈后需要做的事情，包括短期和长期规划。

### 第十二章　现场评价考察

自我评价已经结束，申请现场考察后就是耐心地等待。本章聚焦于在此期间需要完成的工作，包括如何准备现场考察、得到结果后应该做什么。不管结果是正面的还是负面的，我们都需要知道如何应对、如何使用得到的反馈信息。

### 第十三章　保持质量标准

你做到了——你达到了目标！所有的努力、付出都得到了回报。现在，你要做的是保持高质量，并一直保持下去。本章分享了一些如何让教职员保持高质量水平的建议和提示，包括如何让新入职的教职员了解幼教机构的标准和愿景。

# 案例机构：阳光儿童发展中心

我们在全书中用一个例子进行生动说明。基于在成百上千幼教机构中获得的经验，我们虚拟了一个机构——阳光儿童发展中心，它具有一般机构所具有的典型特点。

### 阳光儿童发展中心

4个年龄班级：2岁班、3岁班、4岁班、5岁班。

教职员：

- 马撒（Martha），园长

- 乔治娅（Georgia），主管助理
- 朱利奥（Julio），5 岁班教师
- 玛格达（Magda），5 岁班教师
- 伊莎贝尔（Isabel），4 岁班教师
- 沙伊（Chae），4 岁班教师
- 杰茜卡（Jessica），3 岁班教师
- 伊拉娜（Elena），3 岁班教师
- 帕特里斯（Patrice），3 岁班助理教师
- 肖德拉（Shondra），2 岁班教师
- 纳塔莉（Natalie），2 岁班教师
- 蕾娜特（Renate），2 岁班助理教师
- 瑞树（Mizuki），临时教师

马撒是一名资历不深的园长，6 个月前刚来到阳光儿童发展中心工作。她具有学前教育专业的副学士学位。阳光儿童发展中心满员招生，教职员觉得没有必要进行什么改变。但是，机构管理委员会希望马撒选择一个第三方质量认证体系，并且在两年内完成认证。

马撒和她的团队会和你一起踏上接受第三方质量认证评估的旅程。在每一章，我们都会以她的故事开始，然后帮助你思考自己面临的境况。


# 第三方质量认证体系


目前，第三方质量认证体系有很多，我们在行文过程中尽量采用通用性的语言。书中的建议和指导与很多第三方质量认证体系都是相关的，尤其是下文所列的这些机构的质量认证体系。如果一些建议不具有普遍意义，我们会在文中加以说明。如果有必要，我们会提供一些例子，这些例子只是说明一些观点和做法，而不是推广宣传某一个第三方质量认证体系。浏览下面所列的内容，熟悉提供第三方质量认证服务的机构名称。我们更多地聚焦于国家性的质量认证体系，每个至少被美国两个以上的州采用。

美国蒙台梭利协会（American Montessori Society，简称 AMS）

学前机构学习环境专业认证机构（Accredited Professional Preschool Learning Environment，简称 APPLE）

阿内特保育员互动量表（Arnett Caregiver Interaction Scale，简称 ACIS）

国际跨区域认证委员会（Commission on International Trans-Regional Accreditation，简称 CITA）

课堂评估评分系统（Classroom Assessment Scoring System，简称 CLASS）

儿童学习环境评价量表（Early Childhood Environment Rating Scale，简称 ECERS）

环境评价量表（Environment Rating Scale，简称 ERS）

美国课后协会（National AfterSchool Association，简称 NAA）

美国认证委员会（National Accreditation Commission，简称 NAC）

美国儿童护理专业协会（National Association of Child Care Professionals，简称 NACCP）

美国学前教育专业人员认证委员会（National Accreditation for Early Childhood Professionals，简称 NAECP）

全美幼教协会（National Association for the Education of Young Children，简称 NAEYC）

全美家庭儿童保育协会（National Association for Family Child Care，简称 NAFCC）

全美学前教育机构认证委员会（National Early Childhood Program Accreditation，简称 NECPA）

项目管理量表（Program Administration Scale，简称 PAS）

质量评定系统（Quality Rating System，简称 QRS）/质量评定与改进系统（Quality Rating and Improvement System，简称 QRIS）

学龄儿童环境评价量表（School-Age Care Environment Rating Scale，简称 SACERS）

# 术语释义

下面是本书一些常见术语的释义。

照料者（caregiver）：为儿童提供照料或教育的人，与"教师（teacher）"一词通用。

机构主管（center director, 简称 CD）：负责幼教机构领导和管理工作的人，与"机构管理者（program administrator）"或"管理者（administrator）"通用。

标准（criteria）：确立的评价尺度或期望。有一些第三方质量认证体系使用"standard"一词，我们在全书中使用"criteria"一词。在选择第三方质量认证体系时，我们要弄清这两个词的用法。"标准"与"指标（indicator）"通用。

儿童保育和教育（early care and education）：用来指代"幼教"的术语之一。当我们提到儿童保育和教育机构时，它可能包含了保育机构（early cares）、学习中心（learning centers）、儿童发展中心（child development centers）等。它与"儿童教育（early childhood education）"或"儿童保育（child care）"通用。

家庭（family）：涵盖儿童家庭的成员，与"家庭成员（family members）"通用。

主要利益相关方（key stakeholders）：参与机构运营的人或组织，包括管理委员会成员、家长委员会成员、机构的领导层、教职员和家庭。

家长（parents）：与"监护人（guardian）"同时出现，指在法律上负有监护儿童义务的人。

机构（program）：为儿童提供保育和教育服务的实体，与"中心（center）"一词通用。

自我考察（self-study）：幼教机构自注册开始至接受现场考察前的一段时间。

提交（submission）：幼教机构在接受现场考察前，向第三方质量认证机构递交所需的资料或其他所需的程序材料。

第三方质量认证体系（third-party quality endorsement system）：指对学前教育机构的教育质量进行的外部评价，与"质量测查和认证体系（quality measurement and endorsement system）"或"第三方认证体系（third-party endorsement system）"通用。

认证员（validator）：代表第三方质量认证体系对机构进行考察、观察并记录其发现，采用其评价标准进行衡量的人。每个第三方质量认证体系都有自己的人员称谓，我们采用"认证员"一词。与此通用的还有"评价员（assessor）""审核员（verifier）""代表（representative）""检查员（reviewer）"和"认证员（endorser）"等。

# 第一部分
# 为质量认证做准备

　　当接手一个大型任务后，我们很容易急于开始。如果经常这样，则对工作有害无益。经验告诉我们，一家认真做好计划、树立明确目标后再行动的幼教机构，其成功率更高，而且在通过质量认证后也能更好地保持优质水准。

　　本部分将帮助你理解第三方质量认证的目的，了解不同质量认证之间的差异，决定如何根据自己幼教机构的情况选择适合的质量认证方式，理解自己作为领导者的角色，考虑促进教职员专业发展的途径。

　　接受质量认证是一个令人既操劳又兴奋、既充满挑战又充满收获的历程。在开始这段历程前，自己一定要透彻地理解各种问题。

# 第一章　理解第三方质量认证体系

**阳光儿童发展中心**

马撒刚来到阳光儿童发展中心工作，这也是她第一次担任幼教机构的负责人。她对带领一家幼教机构通过质量认证没有多少概念。即便不参加质量认证，她也有很多事情要做。但是，机构管理委员会坚持要进行质量认证，她也希望自己的幼教机构能成功通过质量认证。马撒知道，质量认证的目的是让幼教机构的教育质量得到提升，但她和很多教师都觉得自己幼教机构的质量水平已经很高了。多年前，她曾在一家通过了全美幼教协会质量认证的幼教机构做教师。现在，她听说这种质量认证跟从前相比，有了变化。另外，她还发现自己所在地区的质量评定与促进系统更加认可全国性的质量认证标准。她记得当时为了通过全美幼教协会质量认证，自己做了大量的工作。她着手准备，但不知从何入手，于是决定先对这些质量认证体系进行更多了解，然后做出选择。

## 什么是第三方质量认证体系？

很多教育机构都有测量和质量认证体系。从大学到校外辅导机构，教育者、学生、家长都依靠这些质量体系来评判其水平。在幼教领域，我们有一系列的测量和认证质量的体系，包括认证系统、评价量表、个别领域的单独评价等。目的通常包括两方面：第一，提供一个标准来界定什么是高质量的早期教育；第二，提供一种服务来帮助幼教机构达到这些质量标准。

美国每个州都有自己的幼教机构审批许可制度，对要达到的最低水平做出要求。各个州的审批标准高低不同。一般而言，这些审批标准主要关注健康和安全。所有的质量认证体系，都要求幼教机构首先要通过审批。

在满足审批条件之外，无论是私立的还是公立的，无论是营利性的还是非营利性的，很多幼教机构还有自己的内部质量标准。这些标准通常比许可标准涉及面更广，包含了机构日常运行以及财务管理方面的要求、教师专业发展管理、教育内容和方式等方面。

认证《环境评价量表》、质量评定系统以及其他的质量认证体系代表着更高水平。寻求第三方质量认证的幼教机构必须超越审批标准以及一般的机构内部标准（见图 1–1）。

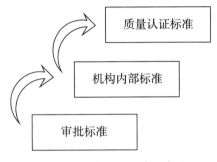

**图 1–1　质量认证层次示意图**

每一个第三方质量认证体系在操作方法上都不同，各具特点，但它们也存在很多相同之处。毕竟，科学研究指出的影响儿童学习发展的因素通常会被大家普遍接受。在儿童保育与教育领域，认证体系关注的质量要素一般包括如下内容。

- 健康与安全
- 课程设计与实施
- 所有领域给予儿童的教育和发展机会（情绪、社会、认知、身体、学习品质）
- 教学方法和策略
- 人际关系，包括教师和儿童、教师和家庭、教师和管理者、管理者和家庭等
- 儿童评价
- 教职员的专业发展

- 管理制度和方法

- 家庭参与

- 社区资源和社区联系

- 物质环境

上述每一个要素对儿童保育与教育质量提高具有重要影响，就像是拼图一样，无论大小，每一块都不可或缺。

每一个第三方质量认证体系都有自己的评价方法，其中一些有相似之处。这些质量认证体系要求对专业人员进行训练或认证，以代表质量认证体系基于标准开展评价。他们运用的方法包括检视工作档案、收集数据、观察班级、对家长和教职员进行问卷调查或访谈等。

这些要素都有相应的评价标准，幼教机构要提供相应的证据表明其达到了这些标准。研究表明，结构性质量（如师幼比例、建筑物设计、教职员的教育水平和专业发展水平）和过程性质量（如教学方式、师幼互动、课程实施）都非常重要。

每一个质量认证体系有着不同的评价程序，对幼教机构的自我评价以及外部评价的步骤要求各不相同。幼教机构在接受质量认证时，需要按照一定的顺序完成这些步骤。接下来，我们对最常见的幼教机构第三方质量认证体系进行简要的介绍。

# 全美幼教协会

## 历史

全美幼教协会成立于 20 世纪 20 年代，原名"全美保育教育协会"，关注幼教机构的教育质量。20 世纪 80 年代，全美幼教协会建立了自己的质量认证系统并定期更新，与时俱进地反映幼教理论和实践的变化趋势。全美幼教协会还举办全国性的大会，出版书籍和杂志，在学前教育公共政策领域有着举足轻重的影响力，在全世界范围内担当着学前教育事业推动者的角色。

### 服务范围

全美幼教协会质量认证体系的服务对象是接收 6 个星期到 5 岁儿童的幼教机构。

### 特点

全美幼教协会的质量认证体系在 2006 年进行了更新。认证程序包括以下 4 个步骤。

1. 注册：进行自我评价。

2. 申请：申请认证。

3. 候选：完成大部分准备工作，提交迎接现场考察之前需要准备的文字材料。

4. 认证：现场考察，依据评价标准进行评价。

该体系的标准包含对管理者和教职员的资格审查，以及对一些质量要素的评价，主要包括以下 4 类。

1. 基本标准：所有幼教机构必须达到这些标准后才能得到认证。

2. 必查标准：对所有幼教机构进行现场考察，对这些标准进行评价。

3. 随机标准：对不同的幼教机构进行随机考察。

4. 生成性标准：幼教机构的做法符合新的趋势，能为其赢得额外加分。

### 注意事项

1. 第一次接受认证的幼教机构可以自己选择完成认证的时间。

2. 在认证生效周期内，可能会对幼教机构进行临时访问。

3. 每次认证生效周期为 5 年。

# 美国儿童护理专业协会 / 美国认证委员会

## 历史

美国儿童护理专业协会成立于 1984 年，其宗旨是帮助托幼机构的管理者更好地领导和管理幼教机构。美国认证委员会隶属于美国儿童护理专业协会。

## 服务范围

美国认证委员会质量认证的服务对象是接收 6 个星期到学龄前儿童的幼教机构。同时，它还提供了西班牙语版本的自我评价材料。

## 特点

质量认证过程包括以下 3 个步骤。

1. 自我评价：在申请认证和完成认证期间进行自我评价，帮助幼教机构进行改进。
2. 评估：评估人员进行现场访问，做记录。
3. 评估结果：评估结果包括予以认证、拒绝认证或暂缓认证（即在最终确定认证结果前需要进一步考察）。评估结果出来后会通知幼教机构。

## 注意事项

1. 第一次申请认证时，自申请之日起需等待至少 6 个月，但不会超过两年。幼教机构在此期间提交评估所需的资料。
2. 在认证生效期，可能会对幼教机构进行临时访问。
3. 每次认证生效周期为 3 年。

# 全美学前教育机构认证委员会

## 历史

全美学前教育机构认证委员会创立于 1992 年，是一个独立的认证机构。

## 服务范围

全美学前教育机构认证委员会的服务对象是接收 6 个星期到学龄前儿童的幼教机构。

## 特点

评估过程包括以下 3 个步骤。

1. 自我评价：在申请认证和完成认证期间，进行自我评价，帮助幼教机构进行改进。
2. 现场访问：评估人员进行现场访问并做记录。
3. 评估结果：评估结果包括予以认证、拒绝认证或暂缓认证（即在最终确定认证结果前需要进一步考察）。系统会在一定时间范围内做出决定并通知幼教机构。

## 注意事项

1. 第一次申请认证，自申请之日起需等待至少 6 个月，但不会超过两年。幼教机构在此期间提交评估所需的资料。
2. 每次认证生效周期为 3 年。

# 环境评价量表

## 历史

特尔玛·哈姆斯（Thelma Harms）、理查德·克利福德（ Richard Clifford）和戴比·克赖尔（Debbie Cryer）于 1980 年研发了该量表的最初版本。1998 年该量表发布了修订版。

## 服务对象

《环境评价量表》是一系列评价工具的统称，包括婴儿 / 学步儿版本（ITERS）、学龄前儿童版本（ECERS）以及学龄儿童版本（SACERS），此外，还有一个针对家庭式托幼机构的版本。1998 年发布的修订版名为 ITERS-R 和 ECERS-R，是目前第三方质量认证系统使用的唯一版本，也是本书介绍的版本。

## 特点

- 量表的评分方式根据质量认证系统的规定而有所不同。使用量表对幼教机构在每条指标上的状况进行评分，而不是直接得出最终结果。量表包含多项指标和多个分数等级。
- 使用和解释量表都需要接受培训，这种培训每年开展一次。
- 量表具有多种使用方式，包括单独使用，将其纳入美国各州的质量评估系统以及早期开端计划项目的评价，还可以用于科学研究。
- 机构的得分没有有效期，即没有规定定期更新的期限。具体期限由使用量表的第三方质量认证者来决定。
- 英国的一所大学研制的版本增加了有关课程的评价指标。尽管其使用范围还不广，但它弥补了量表缺乏课程指标的缺憾。
- 使用量表的第三方质量认证者决定得分的等级、自我评价的步骤和评估过程中的专业支持。

# 其他体系

除了前面的几个系统之外，还有一些其他的第三方质量认证体系在美国的很多州或组织中使用。就目前而言，这些质量认证体系的使用还不广泛，因此本书不对它们做更多详细介绍。如果读者使用的是下面所列的体系，本书包含的内容同样适用于你的质量认证工作。

## 美国课后协会

美国课后协会对课后组织或学龄儿童机构进行认证。认证委员会还为机构提供可选服务。

### 全美家庭儿童保育协会

全美家庭儿童保育协会为家庭式托幼机构提供质量认证。

### 国际跨区域认证委员会

国际跨区域认证委员会为多种类型的教育机构提供质量认证，如强化班（enrichment classes）、家庭教师中介机构、高等教育机构等。最近，它开始为幼教机构提供质量认证服务。

## 各地特有的质量认证系统

美国一些州也开发了自己的质量认证系统，如佛罗里达州的"学前机构学习环境专业认证机构"、明尼苏达州的"家长意识协会（Parent Aware）"以及密苏里州的"密苏里州认证协会（Missouri Accreditation）"。

另外，我们还有一些可以用于质量认证的质量评估工具。一些质量认证系统采用了这些工具，如《项目管理量表》、"课堂评估评分系统"、《阿内特保育员互动量表》等，它们可用于评价某些特定的质量因素。

### 州政府的质量评定系统或质量评定与改进系统

美国超过 17 个州建立了自己的质量评定系统或质量评定与改进系统，很多尚未建立类似系统的州也在筹划之中。美国各州的质量评定系统互不相同，但都指向同样的目标——提升学前教育机构的质量。随着研究持续地证明教育质量与儿童长期发展之间存在关系，并证实教育质量决定财政投资的有效性，美国越来越多的州开始制定教育质量标准。不管这些标准如何称呼（量表、认证、评价系统等），其功能都是相同的，即评价幼教机构当前的质量水平。

# 为什么要寻求第三方质量认证？

在考虑是否要接受第三方质量认证时，很多幼教机构会提出这样的问题："这对我来说有什么好处？""我已经知道自己达到了高水平，为什么还要费时费力去做第三方质量认证？"当然，也有幼教机构这样认为："质量认证能保证我们跟得上最新的研究和实践趋势。""让人来对我们进行评估，确保我们所做的工作对儿童是有益的，只有这样才能确保我们在践行自己对儿童教育事业所做出的承诺。"

无论幼教机构对第三方质量认证体系的最初预设或态度如何，在接受质量认证之前，我们都需要详细地了解这些质量认证体系是什么、有哪些益处。一家幼教机构要想从认证过程中尽可能多地受益，就必须确保自己理解每个步骤的细节。

有很多关于质量评估和认证体系的研究，证实了质量评估能够帮助幼教机构提升并保持质量水平。这些质量认证体系历年来始终进行着必要的调整和改进，确保其能够有效地达成最初目标，满足幼教机构的需求。

- 美国课后协会指出，参与质量认证能够让教职员水平得到提升，队伍更稳定，最终能够提升儿童的水平。受到良好训练的评估认证人员能够为幼教机构带来丰富的知识和经验，让接受评估的幼教机构从中受益。

- 全美幼教协会为家长提供信息，帮助他们找到高质量的幼教机构。全美幼教协会制定了高质量幼教机构应具备的 10 条标准。达到这些标准的幼教机构能够为儿童创设安全、健康的教育环境，拥有受过良好训练的教师，拥有优质的教学材料，采用能够为儿童提供适宜其发展水平且有一定挑战性的课程。

- 全美学前教育机构认证委员会详细地说明了参与质量认证能有哪些收获，即经过认证，公众能更好地理解高质量的保育与教育对儿童的益处。同时，公众也越发认识到，要达成高质量的保育与教育，需要具有更高水平的专业性。在经过认证的幼教机构中，儿童能从这种专业性中获益（National Early Childhood Program Accreditation, 2005）。

当然，每个体系在宣传自己时可能都不会采取完全客观的立场。所以，我们还需要了解对这些体系所做的外部研究。

值得注意的是，在"儿童保育机构教师研究"和"经费投入、质量和儿童发展研究"（Helburn, 1995）这两个大规模研究中，研究者将《环境评价量表》作为综合性质量评估工具。"家庭式儿童保育机构中的儿童研究"（Galinsky, Howes, Konots & Shinn, 1994）使用了家庭式日托机构评价量表。上述研究均发现，量表的得分情况和某些领域的儿童发展水平之间存在正相关，而这些领域的发展水平对儿童未来在学校中的表现非常重要。研究表明，高质量的早期教育经验的积极影响至少能够持续到小学二年级。考察更长期效果的研究仍在进行中。

研究还证实了参与质量认证能够对提高幼教机构质量产生积极影响。全美学前教育教师队伍研究中心（National Center for the Early Childhood Work Force）开展的一项研究指出，经过全美幼教协会质量认证的幼教机构，在接受认证的过程中表现出更高水平的班级质量，在整体质量等级、师幼比例和教师敏感性等指标上有更大的进步。

回到最初的问题上来，为什么要寻求第三方质量认证体系的认证？幼教机构对此给出了不同的答案。

- 一些幼教机构是出于投资人的要求而参加质量认证。
- 一些幼教机构所在的州将质量认证结果和资金投入挂钩。
- 很多家长在选择幼教机构时，会考虑幼教机构获得质量认证的情况。
- 质量认证是保障质量的重要方式，能在宣传时赢得优势。
- 一些幼教机构寻求质量认证的原因是希望能得到第三方机构的支持。
- 一些幼教机构寻求质量认证是因为它们认为质量认证是一种有效的工具，能帮助它们提供高质量的保育与教育服务。

无论这些原因是不是符合你的目标，你都应该明确并且扩展自己的目标范围，这样才能从质量认证过程中最大限度地获益。你能从质量认证过程中得到什么，往往取决于你选择质量认证的初心是什么。这能够决定你对质量认证的理解、途径的选择和重点的取舍。

大多数幼教机构可以选择在任何时间进行质量认证，但是有一些因素能帮助幼教机构提高通过质量认证的成功率。并不是要达到完美无瑕的状态才能通过质量认证。参加质量认证的好处之一，是幼教机构真正在认真进行自我反思和改进。幼教机构应该期待并珍视这一过程。但是，在接受质量认证前，你仍然需要评估一下幼教机构的整体状况，看是否具备通过质量认证的基础。

你准备好接受第三方质量认证了吗？完成下面行动 1 中的小测验。"你准备好了吗？"会帮助你审视自身在多大程度上做好了准备。如果你对所有问题的答案都是"是"，那么说明你已经做好了充分的准备。如果你只是对大多数问题的答案是"是"，那么就请确认对第一、二个问题的回答是肯定的并制订一个计划，以达到每个问题提出的要求。现在，你可以申请质量认证，但要记住仍然有一些工作需要完成。

如果你对大多数问题的回答是"否"或"不确定"，你就一定要仔细地衡量自己寻求质量认证的动力有多大。你仍然可以立即申请质量认证，但是要制订一个现实的进度计划，用好第三方质量认证体系提供的自我评价工具进行自评和改进。这可以让你实施必要的改进措施，进而对每个问题回答"是"。你也可以在实施正式的自我评价之前，利用本书做出改进。不管是使用第三方质量认证体系提供的工具，还是参考本书，只要你能计划得当，就能取得成效。

## 行动 1  你准备好了吗? --------------------------------------------------

表1-1  你准备好了吗?

| 问题 | 是 | 否 | 不确定 |
|---|---|---|---|
| 你是否明确自己参加第三方质量认证的原因? | | | |
| 你对参加第三方质量认证后的结果是否清楚? | | | |
| 教职员和家长会支持你参加第三方质量认证吗? | | | |
| 你是否愿意坦诚地评价自己的幼教机构并做出必要的改变? | | | |
| 你是否能付出必要的时间和金钱? | | | |
| 幼教机构的管理者和教师队伍是否稳定? | | | |
| 家长满意度是否保持在较高水平? | | | |
| 幼教机构是否有明确的制度和管理规定? | | | |
| 幼教机构是否有一定的教育理念?教育教学是否涵盖儿童各个领域的全面发展? | | | |
| 幼教机构是否把健康和安全放在十分重要的地位? | | | |
| 幼教机构是否经过许可审批? | | | |
| 教职员是否致力于专业成长,即便会因此回到学校进行重新学习? | | | |

现在,你已经了解到自己在多大程度上做好了准备,是时候去寻找最适合你的目标的第三方质量认证体系了。

### 阳光儿童发展中心

进行了行动1的测验,马撒感到自己已经准备好了迎接质量认证。她知道自己不必急于在半年内完成所有的质量认证。她只需要在日常工作中开始以第三方质量认证体系的标准来衡量自己就可以。马撒相信,相对于一年后才开始改变,从现在就参考高质量的质量认证标准,会更容易些。

# 第二章　选择第三方质量认证体系

## 阳光儿童发展中心

马撒刚刚召开了一个会议。她在会上向教师们宣布参加全国性的第三方质量认证的决定。大多数教师是接受的，但少数几个人对接受哪种质量认证体系抱有疑问。马撒承认自己对这些质量认证体系还没有太多了解，但会认真研究并在下次会议上报告。马撒解释说，机构管理委员会对于选择哪种质量认证体系没有特别的偏好，让她代为选择最适合幼教机构、家长和儿童需要的质量认证体系。

就像马撒一样，你已经决定要参加质量认证了，但可能还不确定哪种质量认证体系最适合自己的幼教机构。就像在第一章中提到的，儿童保育与教育领域有很多第三方质量认证体系，从中做出选择可能是一个艰巨的任务。随着研究和实践的深入，儿童保育与教育行业迅速扩张。在这种形势下，第三方质量认证体系采用的标准和等级也在随之变化。在近几年来美国出现的各州质量评级系统以及不断更新的质量认证系统中，这些变化最为明显，其中得到最多关注的是教师资格。

对很多幼教机构来说，接受第三方质量认证已经成了硬性任务，而不再是聊胜于无的事情，特别是在美国很多州，对幼教机构的资助是与质量认证结果挂钩的。此外，还有一些机构，如国家儿童保育资源与中介协会（NACCRRA）常常把大部分资助给予那些把儿童送到经过质量认证的幼教机构的家长手中。在美国有些州，政府对于经过质量认证的幼教机构，会给予更高的补贴额度。这些资金政策是很多幼教机构寻求第三方质量认证的驱动力。当质量认证能带来更多的资金或潜在的生源时，很多幼教机构的行为会受到这种次级动机的驱动（初级动机是高质量的保育与教育能够造福儿童）。

另一个推动幼教机构参与第三方质量认证的动力是家长意识的增强。近年来，家长对学前教育质量越来越感兴趣，了解的也越来越多。家长在选择幼教机构前，通常会做细致研究，提专业问题，做审慎选择。家长希望幼教机构能让儿童学到东西，能拥有具备资质的教师、适宜的环境和其他第三方质量认证体系所关注的东西。现在有数以千计的可供查询的相关信息，家长能够从中了解何为高质量的教育，以寻找高质量的幼教机构。

随着儿童保育与教育市场的扩张，有越来越多的家庭式的幼教机构可供选择。第三方质量认证能够让一家幼教机构从众多幼教机构中脱颖而出。投资者、幼教机构负责人、管理者都意识到了这一点，开始寻求第三方质量认证。目前，美国很多州开始建立或已经建立了自己的质量认证体系，一些独立的第三方质量认证体系结果往往相当于各州评级的最高等级。现在的问题已经不再是"是否要参加第三方质量认证"，而变成了"选择哪一种第三方质量认证体系"。

正确的选择能让你的幼教机构有机会进行充分并且有效的自我评价，进而提升幼教机构的教育质量。如果选择的第三方质量认证体系并不符合你的幼教机构的实际需求，则会导致认证的过程受挫且没有成效。本章将帮助你确认自己的幼教机构的具体需要，并且根据这些需要来选择合适的第三方质量认证体系。本章所列出的步骤将带你逐步学会如何研究这些第三方质量认证体系，即问什么问题、问谁，最终学会如何做出恰当的选择。

在少数时候，选择哪个第三方质量认证体系是由幼教机构的高层或机构管理委员会来决定的。不管你的幼教机构是由谁来选择，你都能从本章所列的步骤中获益，更好地理解如何做出选择以及这些选择会怎样影响你的幼教机构。

行动 1 的测验能帮助你确认答案。"否"意味着你还需要再努力，补全一些内容才能参与第三方质量认证，"是"则意味着你已经准备好了。如果你的答案大多数是"否"，转到行动 9；如果你的答案大多数是"是"，继续往下读。

本章介绍的内容可以帮助你来思考如何做出正确的选择，不需要过于复杂和细致，尤其是当你已经很清楚自己的幼教机构为什么要参与第三方质量认证以及每个第三方质量认证体系能够提供哪些东西。

你可以跟随下面 3 个基本步骤，在充分思考的基础上做出选择，找到最符合自己的幼教机构实际情况的第三方质量认证体系。

步骤 1：问"为什么"。

步骤 2：做好充分准备。

步骤 3：找到匹配的选择。

# 步骤 1：问"为什么"

一家幼教机构寻求第三方质量认证的原因是多种多样的。在第一章，你反思了自己幼教机构的动机和准备状态。现在你可以进一步思考为什么要进行第三方质量认证。从下列内容出发，选择可能的原因。

## 行动 2　寻求第三方质量认证的原因 ·································

**寻求第三方质量认证的原因是什么？**

☐ 我们知道自己的教育质量对儿童、家长、教职员来说，都是高水平的。我们想通过第三方质量认证来进行确认。

☐ 我们想通过第三方质量认证，借助那些经过科学研究确认的认证标准来提高质量。

☐ 第三方质量认证是一个很好的营销工具，能扩大我们的生源。

☐ 在我们所在的州，要在州政府的质量评级系统中得到高等级，就需要接受第三方质量认证。

☐ 在通过了第三方质量认证后，能得到州政府更多的资金支持。

☐ 很多家长要求进行第三方质量认证。

☐ 很多教职员要求进行第三方质量认证。

☐ 管理委员会 / 家长委员会 / 执行委员会 / 其他的高层管理者决定要进行第

三方质量认证。

☐ 对本机构而言，参与第三方质量认证是为了更好地提升质量。

☐ 第三方质量认证能让我们保持对教育质量的敏感度，保持高水平。

☐ 参与第三方质量认证对儿童有益。

☐ 参与第三方质量认证是我的个人目标。

☐ 其他：＿＿＿＿＿＿＿＿＿＿＿＿＿＿＿＿＿＿＿

☐ 其他：＿＿＿＿＿＿＿＿＿＿＿＿＿＿＿＿＿＿＿

☐ 其他：＿＿＿＿＿＿＿＿＿＿＿＿＿＿＿＿＿＿＿

　　建议你多了解重要的利益相关者的想法，知道他们参与第三方质量认证的动机是什么。重要的利益相关者是指那些可能对幼教机构发展产生重要影响的机构、组织或个人，包括管理委员会、家长委员会、执行委员会、其他的高层管理者以及幼教机构的教职员、家长等。请他们发表自己对参与第三方质量认证的想法。可以基于行动2给出的内容交流，也可以根据你的实际需要来制作表格。

　　在收集到这些信息后，你可以进行总结，找到最重要的5个原因。把这5个原因写在笔记本上，以便未来需要时查询。

## 行动 3　寻求第三方质量认证的 5 个重要原因 ------------------

你的幼教机构寻求第三方质量认证的 5 个重要原因是什么？

1. ＿＿＿＿＿＿＿＿＿＿＿＿＿＿＿＿＿＿＿＿＿＿＿＿＿

＿＿＿＿＿＿＿＿＿＿＿＿＿＿＿＿＿＿＿＿＿＿＿＿＿＿＿

2. ＿＿＿＿＿＿＿＿＿＿＿＿＿＿＿＿＿＿＿＿＿＿＿＿＿

＿＿＿＿＿＿＿＿＿＿＿＿＿＿＿＿＿＿＿＿＿＿＿＿＿＿＿

3. ＿＿＿＿＿＿＿＿＿＿＿＿＿＿＿＿＿＿＿＿＿＿＿＿＿

＿＿＿＿＿＿＿＿＿＿＿＿＿＿＿＿＿＿＿＿＿＿＿＿＿＿＿

4. ＿＿＿＿＿＿＿＿＿＿＿＿＿＿＿＿＿＿＿＿＿＿＿＿＿

＿＿＿＿＿＿＿＿＿＿＿＿＿＿＿＿＿＿＿＿＿＿＿＿＿＿＿

5. _____

_____

把这 5 个原因写在方便看到的地方，以便在步骤 3 中使用。

# 步骤 2：做好充分准备

在这一步中，你要对第三方质量认证体系进行研究，以此为基础在步骤 3 中做出适当的选择。

首先，回顾你之前所列的 5 条重要原因，看它们是否涉及获得资助、营销和招生、质量、利益相关方的要求或其他因素。然后，进行深入的思考。当你确定了最重要的原因后，找到相应的活动。例如，如果你的首要原因是为了获得更多资金支持，就去完成行动 4；如果你的首要原因是营销和招生，就去完成行动 5。

## 行动 4　为了得到更多资金支持而参与第三方质量认证 ----------

如果你参与第三方质量认证的原因之一是要得到州政府的资金支持，你需要联系州政府负责实施质量评定（有时是质量许可）的机构，询问相关的重要问题。

• 参与州政府的质量评定有哪些要求？

_____

_____

• 你的幼教机构是否符合参与州政府质量评定的条件？

_____

_____

• 要参与州政府的质量评定，是否需要准备文字材料？需要准备哪些文字材料？

_____

_____

• 对于参与哪一个第三方质量认证体系，州政府是否有明确规定？

_____

_____

• 还有没有其他的质量认证体系？你的幼教机构符合参与条件吗？

_____

_____

• 通过质量认证后，是否有相应的宣传措施，如在网站上公布认证名单或在幼教机构外挂牌？

_____

_____

　　很多州有幼教机构许可审批的网站，你可以去进行初步的了解，并联系负责此项事务的人员进行咨询。这可以让你得到最新的信息，然后利用这些信息来进行步骤3。

## 行动5　为了更好地营销和招生而参与第三方质量认证

　　如果你的幼教机构是为了更好地营销和招生而寻求第三方质量认证，你最好了解一下所在区域里其他幼教机构的情况。以你的幼教机构所在地为圆心，画出一个直径30千米的圆，列出区域内和你的幼教机构类似的其他机构。如果你是家庭式幼教机构，找出附近的其他家庭式幼教机构；如果你是学校式幼教机构，找出附近的其他学校式幼教机构。可以从本地电话簿或互联网上找到这些幼教机构的相关信息。在笔记本上写下你的调研结果。

表 2-1　联系方式统计表

| 机构名称 | 联系号码 | 联系人 | 通过的第三方质量认证体系 |
|---|---|---|---|
| （例）×××　 | 297-555-0098 | 安妮·布朗（Anne Brown） | 全美幼教协会 |
| | | | |
| | | | |
| | | | |
| | | | |
| | | | |

给每家幼教机构打电话，与管理者交谈，了解他们为什么选择某个第三方质量认证体系。以下是可以询问的几个问题。

- 你们通过这个第三方质量认证多长时间了？
- 你们为什么选择这个第三方质量认证体系？
- 在你看来，接受这个第三方质量认证有什么益处？
- 家长对于这个第三方质量认证有什么看法？
- 教职员对于这个第三方质量认证有什么看法？
- 你下一次还会选择这个第三方质量认证吗？为什么？

如果你愿意，可以使用附录 A 中的"了解周围其他幼教机构的质量认证情况"，记录交流的内容，以便在步骤 3 中使用这些信息。

## 行动 6　为了提升质量而寻求第三方质量认证 ------------------------

如果你寻求第三方质量认证的原因是要提升自身质量或得到认可，你需要找到最需要提升或得到认可的领域。以下是一些可供参考的领域。

- 健康与安全
- 课程
- 互动
- 家长关系

- 社区关系
- 教师员
- 管理和运营
- 建筑设施
- 关系 / 交流
- 其他：＿＿＿＿＿＿＿＿＿＿＿＿＿＿＿＿＿＿＿

为了更好地判断你的幼教机构的优势和劣势，可以在笔记本上列出上述领域，并用数字来标记，1 表示最强的领域，10 表示最弱的领域。

1. ＿＿＿＿＿＿＿＿＿＿＿＿＿＿＿＿＿＿＿＿＿＿＿＿＿

2. ＿＿＿＿＿＿＿＿＿＿＿＿＿＿＿＿＿＿＿＿＿＿＿＿＿

3. ＿＿＿＿＿＿＿＿＿＿＿＿＿＿＿＿＿＿＿＿＿＿＿＿＿

4. ＿＿＿＿＿＿＿＿＿＿＿＿＿＿＿＿＿＿＿＿＿＿＿＿＿

5. ＿＿＿＿＿＿＿＿＿＿＿＿＿＿＿＿＿＿＿＿＿＿＿＿＿

6. ＿＿＿＿＿＿＿＿＿＿＿＿＿＿＿＿＿＿＿＿＿＿＿＿＿

7. ＿＿＿＿＿＿＿＿＿＿＿＿＿＿＿＿＿＿＿＿＿＿＿＿＿

8. ＿＿＿＿＿＿＿＿＿＿＿＿＿＿＿＿＿＿＿＿＿＿＿＿＿

9. ＿＿＿＿＿＿＿＿＿＿＿＿＿＿＿＿＿＿＿＿＿＿＿＿＿

10. ＿＿＿＿＿＿＿＿＿＿＿＿＿＿＿＿＿＿＿＿＿＿＿＿

你可以在步骤 3 中使用这里所列出的领域。

## 行动 7   出于重要利益相关者的要求而寻求第三方质量认证 ····

如果利益相关者、家长或教职员要求进行第三方质量认证，找出他们提出这个要求的原因。我们推荐你使用行动 2 中的内容来确定原因。通常，你可能会听到不止一个原因。如果是这样的话，回到行动 4—6 中做更细致的考察。

## 行动 8 寻求第三方质量认证的其他原因 ·······················

如果你是出于其他原因寻求第三方质量认证，就需要和重要的利益相关者交流，明确原因究竟是什么。推荐你使用行动 2 的内容来进行考察。

# 步骤 3：找到匹配的选择

在做出最终的决定前，你需要熟悉可能参与的第三方质量认证体系。你需要用到步骤 2 中收集到的信息并做出最终决定。

### 为了得到资金支持而参与第三方质量认证

如果你是为了得到资金支持而参与第三方质量认证，那么你的选择就局限在得到本州的质量评级系统认可的第三方质量认证体系之内。

你需要详细地了解本州质量评级系统所认可的第三方质量认证体系。附录 A 中的相关信息将有助于增进你对它的了解。在收集到所有的信息后，花一些时间来进行考虑、比较。把每个第三方质量认证体系的信息列到表格里进行对比，比较其不同特点。要考虑那些对你的幼教机构影响最大的因素，如幼教机构需要多少资金支持，教师目前的资格水平如何，教职员是否为更高水平的专业发展做好了准备，幼教机构是否符合州政府的许可标准，等等。明确这些问题后，你就能够决定哪一个第三方质量认证体系最符合你的实际。

恭喜，你找到了匹配的体系！

提示：如果你的幼教机构在某个第三方质量认证体系中注册了，那么就可以使用附录 A 中的"第三方质量认证体系信息"，帮助你更好地熟悉这些体系的内容和要求。

## 为了市场营销和招生而寻求第三方质量认证

如果寻求第三方质量认证的原因是为了更好地进行市场营销和招生，那么你应该选择那些在你所在的区域广为人知的认证体系。使用步骤 2 中收集到的信息，选择适合的第三方质量认证体系，然后到附录 A 中的"第三方质量认证体系信息"中获取更多的信息。

在收集到所有信息后，把它们列到表格中进行对比，认真考虑符合你需求的那些因素，如第三方质量认证体系最为关注的领域是否是你的幼教机构擅长的？这个体系能帮助你改进最薄弱的领域吗？对这些问题的回答，能帮助你确定最适合的第三方质量认证体系。

恭喜，你找到了匹配的体系！

## 为了提升质量而寻求第三方质量认证

如果你寻求第三方质量认证的动机来自提升质量或得到认可，那么你的选择就比较广泛了。哪一个体系更为适合，取决于你的幼教机构当前的优势或潜在的优势是什么。回到行动 6 中所列的内容上，进行梳理。

参照前面列出第三方质量认证体系，到附录 A 中的"第三方质量认证体系信息"中获取更多的信息。在收集到所有信息后，将它们进行对比，认真考虑符合你的需求的那些因素，如这个第三方质量认证体系是否关注你的幼教机构所擅长的领域？它能否帮助你的幼教机构改善较薄弱的领域？对这些问题的回答，能帮助你确定最适合的第三方质量认证体系。

恭喜，你找到了匹配的体系！

如果你的答案是"否"——你在进行行动 2 之前还需要一些准备工作——请继续往下读。

# 行动 9　做好准备

如果你的幼教机构对行动 1 中大多数问题的回答是"否",但你仍然想要进行质量认证,请查看以下提示,以帮助你做好准备。

回到你对行动 1 问题的回答上,以此为基础完成下表内容。在每一个问题旁边列出了一些建议,帮助你思考如何才能对此问题回答"是"。

表 2-2　对"你准备好了吗?"测验的否定性回答的改进建议

| 否 | 问题 | 改进建议 |
|---|---|---|
|  | 你是否明确自己参加第三方质量认证的原因? | 你和你的幼教机构的重要利益相关者需要思考这些原因。我们推荐你通过行动 2 进行思考 |
|  | 你对参加第三方质量认证后的结果是否清楚? | 与幼教机构的重要利益相关者进行讨论,幼教机构想通过参与第三方质量认证达到何种目标,如提高家长的满意度或提高幼教机构在州的质量评级系统中的等级。在确定了这些目标后,幼教机构的管理者应该根据这些目标制订具体的行动计划 |
|  | 教职员和家长会支持你参加第三方质量认证吗? | 参与任何一个第三方质量认证体系,都需要教职员、家长的全力配合。一定要弄清楚他们能够在多大程度上提供支持。你可以回顾以前你的幼教机构进行某些变革时大家的态度如何,回想你当时是怎么争取大家参与的,这些办法能否迁移到当下的局面中 |
|  | 你是否愿意坦诚地评价自己的幼教机构并做出必要的改变? | 提升幼教机构质量的第一步是坦诚地反思自身。这个过程可能是困难的,因为你需要看到自己存在哪些不足。长远来看,只有进行真实、深入的自我反思,才能有效地达到自我评价的目的 |
|  | 你是否能付出必要的时间和金钱? | 在理想情况下,应在每年的预算中纳入参与第三方质量认证的经费,而不是临时划拨。所需要的经费不仅是为了迎接认证进行材料和工具的准备,还包括在设施、资源、教职员培训等方面的开销。就像资金投入一样,你还需要对自我评价所需要的时间进行分配(预算)。进行第三方质量认证所需的时间和资金必须纳入整体工作中综合考虑 |

| 否 | 问题 | 改进建议 |
|---|---|---|
|  | 幼教机构的管理者和教师队伍是否稳定？ | 教职员和管理者队伍的流失率高，会对幼教机构的整体质量造成不良影响，对第三方质量认证的结果肯定是不利的。在开始进行第三方质量认证之前，幼教机构主管最好已经在本机构工作 6 个月以上。这一最低期限也适用于幼教机构中负主要责任的教职员。尽管这并非是第三方质量认证体系所要求的必备条件，但我们强烈建议在此方面达到上述要求 |
|  | 家长满意度是否保持在较高水平？ | 很多第三方质量认证体会在评价过程中进行家长调查，我们建议你在开始认证前要确保家长具有较高的满意度。一般而言，寻求第三方质量认证之前，幼教机构应该已经具有中等或较高水平的质量。如果你的幼教机构尚未达到这种水平，那么你应该采取自我评价等措施，把质量提升当作首要工作，然后再考虑接受第三方质量认证。你可以回到第一章去看看质量水平的三种层次 |
|  | 幼教机构是否有明确的制度和管理规定？ | 这是向第三方质量认证方展示的重要方面。有可供教职员、家长查询的书面制度和规定，能保证幼教机构管理的公正性和运行的稳定性。在某些特定情况下，一些第三方质量认证体系会做额外要求。如果你有什么问题，可以直接联系这些第三方质量认证方。可参见附录 C "规定和程序" |
|  | 幼教机构是否有一定的教育理念？教育教学是否涵盖儿童各个领域的全面发展？ | 这是需要向第三方质量认证方展示的一个不可或缺的部分。幼教机构的教育理念应该是可以记录的，并且展示在教室中，让家长和教职员看到 |
|  | 幼教机构是否把健康和安全放在十分重要的地位？ | 美国所有的州都对儿童幼教机构有最低的许可标准。考察你的幼教机构的许可审批记录，回顾获得这些许可标准的情况，尤其是有关健康与安全方面的标准。一个幼教机构要参与第三方质量认证，首先要确保自己有较好的许可审批记录，尤其是在健康和安全领域 |

续表

| 否 | 问题 | 改进建议 |
|---|---|---|
|  | 幼教机构是否经过许可审批? | 所有的第三方质量认证体系都对此有要求。如果你的幼教机构当前的审批状态是临时通过、暂缓审批或试点运行,首先要通过重新审批,才能寻求第三方质量认证 |
|  | 教职员是否致力于专业成长,即便会因此回到学校进行重新学习? | 达到第三方质量认证的一个基本条件,是教职员的专业成长。你需要和教职员一起制订既适合于他们也适合于自己幼教机构的专业成长计划 |

# 第三章　作为领导者的角色

**阳光儿童发展中心**

马撒经过认真研究，最终决定选择美国认证委员会的认证体系。这个认证体系已经得到她所在州的政府认可，并且也符合自己幼教机构的实际需求。马撒相信，美国认证委员会的认证体系能够帮助自己的幼教机构提升质量。现在，她需要说服教职员同意参与这一认证。作为一名新园长，她仍然处于争取教职员信任的过程中。由于教职员对幼教机构当前的状况是满意的，所以马撒不太确定怎样才能说服他们。马撒知道自己的目标，但还需要了解在进行认证的过程中怎样当一名领导以及如何发挥领导作用。

恭喜你！到目前为止，你已经完成了许多工作。确定第三方质量认证体系是一个重要的决定，它不亚于你在生活中做出任何其他的重要决定，就像选择要租的第一套房子、要买的第一辆车一样。在做出决定时，很多人会既兴奋又紧张，急切地想知道接下来要做什么。一旦做出了决定，很多人会根据直觉迅速地开展工作，准备各种材料，努力达成各种要求。但是，在正式开始工作前，最好能花一些时间进行研究和计划。完成认证至少需要一年的时间，持久的工作需要提前做好规划，但很多人会出于以下各种原因跳过这一关键步骤。

- 从事幼教工作的人都是实干家，他们习惯了动手操作和实际行动。
- 第三方质量认证体系都不要求预先规划，也不会为此提供支持性工具。
- 对很多人来说，只有亲身实践才会感到心里踏实。
- 领导者缺乏带领团队进行规划的经验。

认证的过程不应该草草开场。领导者不仅要让自己了解所选择的第三方质量认证体系，还要懂得如何支持自己的教职员学习、成长、发展和改变。当你选择与一名助理或其他同事共同负责此事时，你必须要引导助理或同事承担工作，满足要求，获取最大的成功可能性。

# 成人是如何学习的？

懂得成人是如何学习的，就如同掌握了一个魔法。成人的学习方式和动机和儿童有很大的不同。在幼教机构里，我们关注的重点是儿童如何学习，这没有错。但是，教师作为专业人员同样在持续不断地学习和成长，他们的学习往往有赖于你的帮助。只有在类似于参与第三方质量认证这样重大的任务中，你才能通过指导、引领教师学习来加强与他们的专业关系，进而使他们把学习的收获传递到自己与儿童的交往中。关于成人的学习和指导方式，有很多资料可供学习参考。我们在此讨论的内容并不能涵盖所有方面，但是能帮助你理解一些引领教师学习的基本原则。在美国培训和发展学会（American Society for Training and Development, 简称 ASTD）的《培训认证手册》（*Training Certification Manual*）中列出了很多学习资源。另外，还可以参考沙伦·伯根（Sharon Bergen, 2009）的《培训儿童教育专业人员的最佳实践》（*Best Practices for Training Early Childhood Professionals*）一书。

## 成人学习需要动机的支持

儿童的学习可能会受到特定动机的激发，也可能完全出于探索新知的求知欲。他们经常不会有意识地选择要学什么、要怎样应用学到的知识。他们在成长的过程中，不断地吸取信息、进行联想并同化各种知识。但是作为成人，我们会选择自己所要学习的内容。当然，下意识的学习也是存在的。但如果我们缺乏了特定的动机，吸收到的信息就难以进入长时记忆系统。

### 成人具有不同的学习风格

你需要了解每名教师怎样学习最有效。他们是动觉优势、视觉优势还是听觉优势的学习者？同样，你也需要了解自己的最佳学习方式是什么。教师、培训者、教练等通常会告诉学员自己喜欢的学习方式是什么。如果你是一个听觉型学习者，你可能更喜欢用口头表达的方式传递知识。如果这样的话，你的学生中的视觉型学习者可能会容易忘掉你所说的话，除非你能提供类似图表或阅读材料等形式的信息。对自己的学习方式进行一个小测验，能够帮助你和教职员更好地了解彼此的风格，提升学习成效。

附录 A 提供了一个关于学习风格测验的小例子，可供参考。

### 成人在非正式氛围中的学习效果最好

这看起来似乎是常识，但领导者经常采用过于正式的方式来传达各种信息，例如写备忘录、召开会议甚至是写书（本书不在此列）。当然，一些信息需要通过相对正式的途径来传达，但是对成人而言，氛围应当是令人舒适、让人感受到被尊重的——要使大家感到自己的想法能被别人听到，自己的挫折和情绪能得到关注，大家能作为一个团队齐心协力解决遇到的问题，能同甘共苦。

### 当鼓励成人把学到的知识运用于实践中时，学习效果最好

你可以花一整天时间告诉一个人怎样安装车库的门锁，但如果不给他马上运用这些知识的机会，那么他就不太可能真正关注听到的信息，也不会在自己的长时记忆系统中给这些信息留下位置。在学习内容和实际运用之间建立联系非常重要。例如，如果你在幼教机构里引入一种叫作民意调查（head-count）的方法，你应该马上通过角色扮演或者模拟的方式加以实施，并且在随后几天观察教师的表现。这种方式能通过知识的运用来加强学习效果。

### 成人视自己为自我引导和自我负责的学习者

你可能在本书前面的内容中看到过与此有关的表述。我们采用了"你应该支持……"的说法，而不是"你应该让……"。成人作为学习者应该受到尊

重。作为领导者，你的角色是引导者，而不是手把手教学的教练。如果成人感受不到自己的学习能力得到了尊重，那么就不会开启学习的通道。下面几句话很好地总结了这个原则："告诉我的，我会忘记；展现给我的，我可能会记住；让我参与的，我会学到。"

### 成人是带着丰富的经验进行学习的

这一原则和前面所述的第一条相类似。作为幼教工作者，我们很熟悉儿童的学习方式，他们头脑中的已有经验不多。每当他们能把所学的新知识和已有经验建立联系时，我们会异常高兴，将其视为儿童认知发展的表现。但在成人的学习中，他们总是天然地把新知识和旧经验联系在一起。教师头脑中已有的知识经验对新学习的影响，可能比你说的任何东西的影响都大。领导者也是学习者，允许其他教师分享自己的知识，能促进每个人的学习。

### 成人在把新知识和已有知识建立联结时，学习效果最好

把你的头脑设想成公寓楼下的一排排信箱，有很多个小格子，每个格子都贴有不同的标签。成人在学习新的信息时，会在潜意识中把信息放到与之相关联的格子中，将其和已有的知识相联结。这一过程会强化学到的信息。如果找不到适合放进去的格子，他的头脑中会新建一个格子，或者把信息丢在头脑之外。如果他新建了一个格子但没有机会使用新信息，那么新信息的存储也是不稳定的，因为它没有和其他信息建立关联。这个比喻本身就体现了这一原则——你学到了上面的信息，是因为它和你已有的关于信箱的经验相联结了。如果你设法使新的知识跟已有的知识相联结，那么就能保证学习的效果。

### 成人愿意贡献想法

成人愿意参与到学习过程之中，他们拥有可以分享的知识和经验。他们拥有自己的想法。新的想法得到推崇，不是因为它们一定会得到实施，而是创造性和新思路本身就具有价值。在好的学习氛围中，这种价值会得到尊重，学习者有机会展现自我。各种新的想法自由地传递，谁知道哪个想法会带来

真正的改变？这样的学习氛围，就是你的幼教机构进行下一个重大变革的孕育之所。

无论是召开教师会议、引入新的课程，还是接受第三方质量认证，上述原则都适用。当你开始第三方质量认证的工作时，认真地思考这些原则，你的工作成效一定能得到提升。

除了理解成人的学习方式，使用有效的沟通技巧同样重要。沟通技巧在参与第三方质量认证的整个过程中都是重要的领导策略，你要学会有效地使用这些技巧。

## 在幼教机构中进行有效的沟通

沟通是一项重要技巧。沟通什么、何时沟通、如何沟通，会直接影响你的工作进程。我们每天都在说话，但良好的沟通需要认真思考和练习。沟通是一个双向的过程。无论是口头的还是书面的，人都应该得到机会进行"说""听"和"反馈"，形成一个循环。有效的沟通需要双向的信任、简洁的语言、清晰的期望和持续不断的跟进。阅读下面两个例子，思考什么是有效的沟通。

### 例 1

"帕特里斯（Patrice），可能是我的问题。我有点不敢相信，没想到你的班级观察居然拖了这么久。你恐怕还没有融入团队当中。纳塔利娅（Natalie）告诉我上周她有事请你帮忙，你对她耸了耸肩拒绝了。这是怎么回事？"

### 例 2

"嗨，帕特里斯，我需要跟你谈一谈。我刚才看了一下班级观察的进度，发现你还没有完成，截止日期已经过了。我想知道这是怎么回事，看看能不能找到好的解决办法。"

显然，第 2 个例子的语气更为和缓，同时也很清楚地表明了要求。第 1 个例子充满了不良的沟通方式——讽刺、第三者提供的信息、指责，等等。你和教职员的交流可能会遇到相似的情况，如果总体上交流状况良好，就能避免很多冲突和对抗。

良好的倾听技巧也是很重要的。我们往往倾向于关注自己想要表达的信息，忽略对方所说的话。要做一个积极的倾听者，就要会使用重述、回应等技巧，使用接纳性的身体语言，抑制打断对方的冲动。有时候，你可能觉得有困难，但它确实能极大地加强沟通的效果。

有计划、有目的的交流能让你从沟通不良的泥淖中解脱出来。下面是一些具体的交流策略。

### 动机激发

如果幼教机构中的教师还没有从内心认同参与第三方质量认证的重要性，那么他们需要从其他方面接受动机激励。你可以发挥重要的作用。成人和儿童动机激发的规律是一样的——正向强化。对任何一个微小的进步都予以祝贺，鼓励操作，这些策略都适用于成人的动机激发。

## 行动建议　动机激发

- 请你的教职员写下自己从事幼教工作的原因，以及他们想对儿童的生活产生何种影响，然后为他们列出参与第三方质量认证带给儿童的益处，并与他们所列的从事幼教工作的缘由联系起来。
- 将质量提升工作分解为小任务。在整个工作过程中，庆祝每一个小任务的完成。例如，当所有的观察工作完成后，奖励每人一个冰激凌；在文字资料收集工作完成后，给每个人 10 分钟的额外休息时间。
- 在全体教师在场的情况下，赞扬他们。在和家长交流时，告诉他们，你们正在进行第三方质量认证，让家长们了解教师在其中做出的贡献。
- 和教师分享同区域内其他幼教机构参与相同的第三方质量认证的情况。它们很可能是少数几个参与此种第三方质量认证的机构。

- 设计日程表、地图、进度表等，追踪工作进展情况，让工作进度可视化，看到最终要达成的目标。
- 亲力亲为。你怎样要求别人，就怎样要求自己，这样一来别人就能得到激励，与你一起奋斗。
- 设立并保持较高的期望值，你的任务是帮助教职员达成这些目标。很多人可能无法完全达到，但是要"求其上，得其中"。期望值越高（当然仍然要符合实际），教师所能达到的实际水平也越高。
- 利用每个机会，真诚地说"谢谢"。你不可能一个人独自完成这项工作。

## 任务委托

很多能力强的领导者不太愿意把任务委托给别人。人们会由于很多原因避免把任务委托给别人，如不该把属于自己的事情推给别人。我们有避免冲突的倾向。把任务交给不想承担这些任务的人，似乎会造成冲突。从更为现实的角度来看，如果任务委托做得适当，那么这是向你的教职员表示对其尊重的一种方式，而且有助于他们的专业成长。一名教师在帮助处理了一项家长事务后，可能会萌发出成为一名园长的兴趣；一名教师承担了整理资料的任务，可能会从中收获组织整理、时间管理的技巧。记住，成人将自己视为自我引导和自我负责的个体。任务委托能让你传达这样的信息——你把他们视为负责任的人，将大家视为一个团队。下列建议提供了一些简单的方法，能让你营造一种团队氛围。

## 行动建议　任务委托

- 向每个人委托任务。把一些人排除在外，会显得你偏爱一部分人或不信任某些人。
- 审慎地决定你要分配的任务。把可以让其他人参与的项目列出来。
- 定期检查进展情况，需要时对任务分配情况做出调整。委托任务并不意味着你放弃职责，被委托的人也不一定能马上胜任分配的工作。

- 只有让你委托的人感受到信任和尊重，他们才能顺利地完成任务。不要把只有你知道怎么做的事情分派给别人。一旦你把任务分派出去，并且告知了被委托人该如何做，就不要总是盯着他的每个动作。
- 如果你想不出该如何分派任务，就在教师会议上询问大家的意见。告诉你的教职员，"我有一些工作需要大家的帮助，我会给每个人分配一些小任务，使大家作为一个团队参与到机构的质量提升工作中来。请在纸上写下你想在哪些方面做出贡献"。

## 指导者

作为一名幼教机构的管理者，你的角色不仅是一个老板或单纯的监督者，而是一个领袖和指导者。不管你的教职员是否明确地意识到，他们实际上都在期待你的引领。把自己当作一名指导者，能让你更好地界定自己的角色，这在参与第三方质量认证时尤其重要，因为你和你的教职员都将在此过程中获得成长。用已被研究证明的优质标准来考查自身的实践，是增进自己的知识、技能、能力的良好途径。相反，如果你只是把第三方质量认证视为一项不得不完成的任务，你和教职员就可能错过其蕴含的专业发展机会。理解自己作为一名指导者的角色，认识到第三方质量认证中所蕴含的学习机会，能让你更有可能获得成功，也能让幼教机构中的儿童更加受益。一名指导者应当——

- 引领他人自主找到解决问题的答案，而不是告诉他们该怎么做。
- 对每个人的能力、才能和机会做出评价。
- 致力于目标的达成。
- 对优势方面和弱势方面进行反馈，为改进工作而制订相应的计划，按计划跟进，根据进展情况提供反馈。
- 不因畏惧困难而回避任务。
- 经常鼓励他人去完成平时无法完成的任务。

# 在幼教机构中营造变革的氛围

任何一名领导者在准备进行变革时，都应知道如何掌控变革的进程，包括思考变革过程中可能遇到的阻碍以及应对这些阻碍的办法。

"要发生变化了。"这句话给你什么感觉？对一些人来说，这句话能让他们感受到期待、兴奋、好奇等；对另一些人，这句话能带来恐惧、焦虑和担忧。"变化"一词经常跟负面词语联系在一起，尽管我们知道并非如此。"变化"可以是积极的，就像喜结连理、孩子出生、职位升迁、乔迁新居，或是开始第三方质量认证，这些都是正向积极的变化。但是，你还是要做好准备，以应对教职员的消极认识和抵抗情绪。在职场中，如果能以积极的态度迎接变化，那么它将有助于提高工作满意度和成就感，教职员将有幸从你身上感受到这些积极的态度和迎接变化的能力。

你需要认识到每名教师的经历、能力和知识是不同的。在迎接第三方质量认证的每一步中，教师作为团队成员，各取所长，互相帮助。在正确对待和迎接变革这件事上也是如此。在你的教职员群体中，有些人可能经历过多次变革，有积极的，也有消极的；有些人的职业生涯中可能还没有经历过变革。不管是哪种情况，你都需要具备作为一名领导者的知识和技能，承担起引领他们的职责。

园长是至关重要的。他不仅要带领大家完成第三方质量认证的诸多任务，而且要扮演示范者的角色。如果园长表现得积极、热情、有条不紊，那么其他人心中的焦虑就很容易得以消减。

在你向别人示范如何积极地对待变化前，需要先评估一下自己面对变化时的真实态度。

## 行动10　面对变化时的态度 --------------------------------

完成下列表格，根据直觉选择符合自己情况的选项，评估一下自己面对变化时的态度。

表3-1　面对变化时的态度评估表

| 情境 | 放马过来吧 | 好的，来吧 | 将就着做吧 | 有点紧张 | 手心全是汗 |
|---|---|---|---|---|---|
| | 5 | 4 | 3 | 2 | 1 |
| 你和一个好朋友约好共度周末。你已经提前两周做好了计划。周五，你的朋友突然来电话说，要改变一下计划 | | | | | |
| 你聘用了一名新教师，安排她到婴儿班。上班前一天，她要求到新开的幼儿班 | | | | | |
| 领导告诉你，助理园长要去附近的另一家幼教机构跟岗学习两周 | | | | | |
| 你到美发店做头发，之前熟悉的发型师请病假了。一名新的发型师接待了你，她建议你把头发再剪得短一些 | | | | | |
| 你到自己喜欢的饭馆吃饭，发现菜单换了。他们新换了一名优秀厨师，但你喜欢的菜都从菜单上撤下来了 | | | | | |
| 你在一家幼教机构里当管理者已经3年了，你每天都努力工作。在一次管理委员会的会议上，你得知他们决定要参与第三方质量认证 | | | | | |

把得分相加。

**如果你的分数在 25~30 之间，说明你对待变化的态度是积极热切的。**

你的幼教机构能从你面对变化的积极、热情的态度中受益。但是要小心，不要让你对待变化的热情吓到别人。

**如果你的分数在 18~24 之间，说明你对待变化的态度是谨慎乐观的。**

你对待变化的态度比较积极，同时也保持了适度的谨慎。在面对变化前，对其进行独立思考判断，然后再决定采取什么态度，这一点很重要。这是一种平衡的做法，但小心不要让自己看起来过分淡然。作为领导者，你需要展现出更为积极的态度。

**如果你的分数在 9~17 之间，说明你更喜欢那些保持不变的东西。**

你对待变化的态度通常倾向回避，喜欢维持那些让你感觉舒服的东西。但是，如果你找到变化的理由并且有足够的时间去适应，那么你会愿意迎接变化，能够从内心深处发现变化带来的好处。当发生变化时，你可能看起来有些抵触、犹豫。要小心控制自己的直觉反应，不要给别人造成错觉，误以为你对变化的态度是惧怕、质疑的。

**如果你的分数低于 8，说明你对变化怀有恐惧心理。**

你每天的生活非常规律。按时起床、早餐吃同样的东西、准时上班，你觉得这样的生活非常完美。你经常觉得费心费力去改变一件事情是得不偿失的。对变化持有怀疑、拒绝的态度。这些倾向受到你个人经历和习惯的影响。在领导一个团队时，你必须把个人的视角放在一边。你的教职员会根据你的反应来决定自己面对变革的态度。如果你回避变革、漠视变革所蕴含的潜在机遇，那么你可能会抑制教职员的发展。

## 面对变革，采取行动

你了解了面对变化时自己的个人倾向，作为一名领导者，现在你需要采取一些措施，鼓励教职员对变革树立积极的态度。

- 理解你们所要达到的最终成果，也就是愿景。
- 将愿景表述出来，解释为什么要树立这样的愿景——以书面或其他方式明确、自信地向其他人表达清楚。
- 制订一个行动计划，列出渐进的、可达成的步骤。

- 不要给别人造成"维持现状是可以的"这种错觉。
- 发现变革中的积极因素，与他人分享。注意是分享，而不是灌输。
- 将教师视为专业人士。对所有的专业领域来说，都需要持续不断地变革。

### 提示：如何营造变革的文化氛围？

领导者要领导别人，首先要确保自己真正了解情况并做好了准备，然后思考如何与别人分享自己的想法、愿景，让他们乐于追随你的领导。在幼教机构中营造一种文化氛围，能发挥积极的作用。

## 行动建议　营造变革的文化氛围

- 勇于直面变革。召开教职员会议，专门讨论要发生的变革，请他们完成行动 10 中的问卷，讨论大家面对变革时的感受。
- 提供参照。回顾你的幼教机构以前成功进行的变革，思考它们带来了哪些积极的变化。
- 采用正向强化。每当教师在自己班级中采取一些变革措施、采用新的教育教学手段、有意识地提升自身专业水平时，给教师一些小奖励。针对不同的教师要有所差异。对一名不善于应对变革的教师，要给予更多的正向强化。
- 设立"给积极的变化提建议"意见箱，鼓励教职员贡献自己的智慧。
- 向教职员解释为什么需要变革。
- 在适当的时候让他人参与进来，使变革不再是"让我去变"，而是"因我而变"。
- 沟通，沟通，沟通。

在进行变革时，设立目标、规划渐进的步骤是很重要的。在之后的章节中，我们将更详细地讨论一些行动工具。

**阳光儿童发展中心**

　　哇！领导者肩负着重大的职责。如果用知识和适当的工具武装自己，把大家都调动起来，那么这件事就没有那么难了。马撒认识到，了解如何支持教职员，跟了解如何支持儿童同等重要。她决心和每一名教职员保持一种开放、合作、个性化的关系。虽然在幼教机构中仍然依稀存在着对变革的惧怕和抵触情绪，但是马撒采取的措施已经缓解了这种情绪，让大家从心态上做好了迎接第三方质量认证的准备。

# 第四章　促进教师专业发展

**阳光儿童发展中心**

马撒对于参加美国认证委员会的质量认证感到很兴奋。随着她对这个质量认证体系的了解愈加深入，她的热情也越来越高。但是，有一件事让她感到担心。这个质量认证体系对于教师专业发展水平有较高的要求，她不知道教师对此有何反应。机构中只有少数几名教师获得了学士、副学士（相当于专科）等学位，其余大多数教师只是达到了州政府所要求的最低资格。另外，之前的机构管理者并没有为大家建立一个系统学习的机制，以便让教师能够达到州政府在职培训的最低时长要求，这在机构中形成了一种不重视教师专业发展的氛围。马撒强烈地感觉到，为了成功地达到质量认证的要求，她需要帮助教职员认识到专业发展的重要性。她本人拥有儿童发展专业副学士学位，还在考虑继续进修。过去，每当她提到类似的话题，教师们都会忧心忡忡地提出各种担心，以没有时间或没有钱而拒绝接受继续教育。马撒决定要帮他们制订一个计划以克服这些困难，只有这样才能充分地从参与第三方质量认证中获得益处。

# 专业发展的背景和研究情况

在谈到第三方质量认证体系所要求的教师专业发展时，人们通常有两种极端的反应。一些人认为，专业发展意味着接受正式的教育，但实际上专业发展所涵盖的范围是很广的。在他们看来，幼教领域在这些年来取得进步的最重要表现之一，就是对教师的继续教育提出了更高的要求。他们坚信，教师学历与儿童发展水平之间存在正相关。

也有一些人认为，教师的高学历并不能带来教育质量的提高。如果对教师学历的要求脱离了整个教师队伍的实际情况，那么弊大于利。这些人经常引用一些统计数据，说明经受过良好培训、拥有丰富经验的低学历教师也能培养出发展良好的儿童。当然，也有很多人处于上述两种观点的中间地带。

大多数人一致认同专业发展本身是很重要的。它可以是日常的教师研讨，无论它是否符合"继续教育单元学分（continuing education units, 简称 CEUs）"的要求，也可以是正式的从副学士到硕士的学历教育。专业发展能让那些直接和儿童接触的人保持知识的更新，在工作中充满热情、动力和使命感。

但遗憾的是，这里的"大多数人"指的是机构管理者、研究者、咨询者和机构创办者，教师往往不在此列。当然，做出这个判断并不绝对。教师们的背景不同，教育理念不同，受教育水平不同，工作环境不同，在此方面的认识也各有不同。

美国经济政策研究所（Economic Policy Institute）的报告"失去早期教育的阵地（Losing Ground in Early Childhood Education）"揭示了很多信息。该报告的调查结果显示，1983 年美国幼儿教师拥有学位的比例为 43%，2004 年的比例降为 30%。教师们并不总是会去寻求接受正式教育或专业发展的机会，在缺乏动机时更是如此，或许是接受继续教育对他们的工作来说无关痛痒，或许是他们掌握的资源有限，如缺少时间和金钱。在这些教师工作的幼教机构中，儿童受到的长期影响可能并不会明显地显露出来。但是，根据一些关于成人学习的研究结果，事实并非如此。

不幸的是，我们很多人把自己曾经付出了巨大时间、精力的工作视为一种专业性工作，而很多外人（甚至是圈内人）却认为我们不过是在"看孩子"，这是一种入门水平的服务性工作。作为领导者，你有两项任务：一是为教师们提供专业发展的机会，包括取得更高学历的机会，并且要指导、示范甚至事无巨细地帮他们完成学习过程，这些都非常重要；二是帮助教师们理解进行专业发展的重要性，尤其对那些不重视专业发展的教师而言。

因为幼教行业面临的特定现实，所以让教师们理解专业发展的意义是比较难的。他们可能不懂得周末学习有什么价值以及对他们的工作有什么好处。更重要的是，他们可能在犹豫工作之余学习四年，然后拿个学位是否值得。在向教师们解释专业发展的重要性时，可以参考下面两个例子。

### 例1

家庭医生推荐你去看专科医生。他提供了两个选择：第一个是刚毕业的医生，接受了完备的现代医学专业训练；第二个是一名 1988 年以班级第一名成绩毕业，至今已执业二十余年的医生，但这些年来他从不参加在职培训和专业研讨，不了解最新研究进展。你会选择哪位医生？

通常，你可能哪个都不想选。你想要的是既有经验，又有高学历，还不断学习的医生。尽管医生和幼儿教师的薪水不同，但其职业的重要性是类似的。幼儿教师可以把自己的服务或自己的"技艺"看作医师开出的预防性药物。他们的学生以及学生家长希望幼儿教师跟医生一样保持持续性的专业发展。

### 例2

你需要联系一个朋友。你依靠打字机、修正液写好了你的信，连夜赶到邮局把它寄出去，因为你需要朋友尽快收到。很多人建议你用电脑发电子邮件联系朋友，但你不相信过去二三十年间出现的新东西能对生活有什么改进。你依然去银行柜台取现金，而不用自动取款机；你只开有手摇车窗的汽车，而不开有电动车窗的汽车；你坚持手动调台，而不用遥控器；……

看到这儿，很多读者会摇摇头，同情这位拒绝新生活、不适应新变化的可怜人。如果你把这些场景和第三方质量认证所要求的教师专业发展目标相类比，那么就能明白为什么要更新自己的知识了。

事实上，大多数第三方质量认证体系都对教师专业发展提出了要求。业已存在和正在建立的体系都是如此。因为建立第三方质量认证体系的目标是确保保教质量达到最高水平，所以教师和管理者们应该致力于为儿童提供更好的教育，而不是满足现状。就像前文中的第 2 个例子，拒绝学习新事物明显是缺乏远见的行为。专业发展并不是要把从前所学的知识丢掉，而是要把新的事物整合进来。作为一名专业的教育工作者，你能影响和塑造儿童的生活，拒绝学习是一种愚蠢的行为。学习新事物并非一件容易的事情，但它是一个合理的选择。

## 当前状况和要求

　　全美幼教协会是第一个对教职员的资质提出最低要求的质量认证机构。其他第三方质量认证体系在近几年也增加了此项要求。目前，几乎所有的第三方质量认证体系的评价标准都包括了对教师专业发展的建议或要求。例如，美国认证委员会要求教师必须拥有儿童发展专业副学士学位或同等水平的学历，并拥有两年以上教育经验。申请全美幼教协会质量认证的幼教机构，必须有至少 75% 的教师具有儿童发展专业副学士学位或同等水平学历（由全美幼教协会认定）或类似的大学学习经历（由全美幼教协会认定）。

　　然而，这些往往跟现实并不匹配。根据美国儿童保育人力资源中心（Center for the Child Care Work Force, 2002）的报告，在学校式幼教机构中，只有 33% 的教师拥有大学学历，其中还包括一些非学前教育专业毕业的教师。与之相对，美国很多州对幼儿教师的从业学历要求只是高中毕业，而对其是否接受过专业培训不做要求。

　　随着人们对教师专业水平重要性的认识提升，上述情况正在逐渐改变。美国越来越多的州要求幼儿教师至少拥有儿童发展专业副学士学位。然而，如果一家幼教机构要求教师有更高学历，那么这家幼教机构就必须付给他们更多的工资。这些投入最终会转嫁到家长身上，使幼教机构失去竞争优势。

　　在一个根据金钱衡量价值的社会里，人们看不到幼儿教师职业的价值并不奇怪。这个行业的工资水平不高,（错误地）显示着这份工作的价值也不高，因此吸引并留下高学历的教师就很困难。

# 如何达到教师资质要求?

"事实就是这样。"这句话用在这里很合适。在幼教领域，教师专业发展的氛围就是这个样子，我们不得不在这样的氛围中努力地向更好的方向发展。怎么才能做到呢？最好是从在幼教机构中营造一种专业发展的文化氛围开始。作为领导者，你要为此定下基调，做出表率。如果你看重专业发展，对注重学习的教师施以奖励，那么你很快就能够营造这样的氛围。如果你不忍心教师在工作之余辛勤学习，对他们放松要求，那么就会导致一种不看重专业成长的氛围，就像前面两个例子所描述的内容一样。幼儿教师需要被当作一种专门的职业。珍视专业发展的机会，就是看重这个专业的表现。就像我们鼓励儿童学习一样，我们也应该鼓励成人的学习，尊重他们成长、发展和发现的机会。

在给你的教职员提出要求之前，首先要制订一个计划，为此你需要了解他们的现状。

## 在职学习时间要求

很多州的资质审批对教师的在职学习时间提出了要求。请回答下列问题。

- 你所在的州政府对教师专业发展的要求是怎样的？
- 你觉得州政府的要求足够高吗？如果不够高，你认为何种要求才够高？
- 过去，机构是否对教师有这些要求？如果有，是如何要求的？
- 在帮助教师达到这些要求方面，过去有哪些成功的经验？
- 教师会议是否可以算作培训？培训是否需要符合"继续教育单元学分"的要求？
- 有哪些资源可以让教师满足这些培训要求？
- 教职员喜欢的学习方式是什么？
- 教职员适合的专业发展活动是什么？
- 培训者的资质是否需要州政府的认定？

为了回答其中的一些问题，可以做一个类似下面的表格。

表4-1　职业发展规划表

| 姓名 | 州政府(或机构)的要求 | 偏好方式 | 计划 | 当前状况 |
|------|------|------|------|------|
| 朱利奥 | 40小时 | 参加全天式的工作坊 | 在5月10日前完成8小时"班级中的创意"培训 | 5月30日前完成了20小时 |
| 雷娜特 | 40小时 | 儿童保育继续教育单元学分课程 | 考察可选的课程，做出选择 | 5月30日前完成了5小时 |
| 杰茜卡 | 20小时 | 参加晚间课程或在线课程、培训推介机构提供的课程 | 注册3门晚间课程，参加一个当地儿童教育协会组织的培训会 | 5月30日前完成了1门课程 |
| 瑞树 | 20小时 | 可以随时参加工作坊 | 联系当地的资源和推介机构 | 5月30日前完成了0小时 |

附录 A 中的空白表格可供使用。

回答上述问题并记录答案，能帮助你更好地制定目标。询问教师偏好的学习方式，并不一定让你照此设计方案。它让你更好地了解他们的需要，并且让他们感觉自己是决定专业发展计划的一员，而不是被动地按你的要求去做。进而，他们会受到鼓励，达成更高的目标。

**资源**

在促进教师专业发展方面，困难之一是如何找到高质量的在职培训资源。各州政府可能会对不同类型的培训方式做出规定，你需要了解这些规定。下面列出了一些可选的资源。

- 杂志交换工作坊（Exchange Magazine）：一个入门水平的工作坊
- 儿童保育交流相关网站
- 0—3 岁计划（Zero to Three）培训和会议
- 美国儿童护理专业协会在线培训课程
- 阿普尔鲍姆（Applebaum）培训研讨班

- 儿童教育协会（Association for the Education of Young Children，简称 AEYC）的会议
- 儿童保育协会（Child Care Association，简称 CCA）的会议
- 全国层次的会议，如全美幼教协会的会议、美国儿童护理专业协会的会议
- 当地资源和推介机构
- 社区大学或职业技术学校的非学分课程
- 社区大学或职业技术学校的学分课程
- 州政府认证的机构提供的培训
- 第三方质量认证体系认可的咨询专家提供的培训资源

　　还有很多其他的在职培训资源，但需要你仔细选择，让教师在有限的时间里参加高质量的培训。对在职培训时间做出要求是合理的，这是为了持续不断地提升、丰富教师的知识和技能。因此，如果仅仅是因为某个全天培训能凑够 8 个小时就选择它，而不去考虑它的内容、形式，那么这毫无疑问是错误的，这样对教师和儿童都会造成负面影响。激励教师更合理地参加培训，而不是走捷径或只选容易的，可能需要你花大力气去实施。从长远来看，这样做总会有回报。教师和儿童不仅能从他们增长的知识和技能中受益，而且对待培训的态度也会从"我一定要学吗？"变为"我什么时候去学？"。

## 教职员会议

　　教职员会议可以成为有效的专业发展方式。在通常情况下，教职员会议的组织和计划方式不能充分地发挥其价值。我们看到的会议大多是关于一些提醒、通知以及日常任务的布置，留给真正的专业学习的时间很少。我们在一些高质量的幼教机构中看到的会议，主要用于教师们的相互交流、解决问题和专业学习。在这些机构中，安排行政性事务很少占用教职员会议时间，而是采用其他的方式。

　　成功举办教职员会议的关键点与教师专业发展的整体原则是相同的——要让教师们感受到自身的价值、受到关注。如果能让教师们将会议看作得到

支持、找到团队归属（这些都能让他们的工作变得更轻松）的机会，那么会议就会变得更加充实和有意义。但是，如果教师们把参会看成是浪费时间（如被一遍又一遍地提醒怎么请病假等），那么你就很难激发他们学习的兴趣和动机。

教职员会议应当提前做好计划。在主持会议时，你还承担着其他的角色，如培训者或协调者。扮演好这两个角色需要时间去学习和适应。在主持会议中专业学习的环节时，你需要考虑如下问题。

- 需要你讲吗？
- 需要从外面请培训者吗？（请外面的培训者其实没有想象中那么难，参见后面相关内容。）
- 还要请哪位教师参与？如何参与？
- 需要准备哪些材料？
- 期望达到何种效果？
- 后续还需做哪些跟进？

这里有一个教职员会议的简单日程表供参考，该会议以教师的专业学习为重点。

表 4-2　9 月 12 日教职员会议日程

| 时间 | 内容 |
| --- | --- |
| 18：00 | 会议开始 / 提供晚餐 |
| 18：00—18：15 | 开场 / 宣布事项 |
| 18：15—18：30 | 团队建设 / 破冰 |
| 18：30—18：45 | 问题研讨 / 合作 |
| 18：45—19：15 | 专题学习 |
| 19：15—19：30 | 结束 / 跟进考查学习效果 |

下面，我们对议程做一些细节探讨。

**会议开始 / 提供晚餐**

按时开始会议能让教职员感到自己被尊重，同时也让他们认识到你很看重这次会议。除了要按时开始之外，还可以提供简单的晚餐来显示你对教师们的尊重。可以是外卖，也可以请每人带一个菜，或者是简单的零食和饮料。要为教职员的基本需求着想，然后期待他们有更强的学习动力。开会的地点同样是一个重要的因素。不管是在专门的会议室，还是在教室里，你都要认真考虑成人学习的特点和需要。别让他们蜷缩在儿童的椅子上，事先为他们准备好折叠椅；准备好纸张、铅笔和其他材料，让他们不至于在开会的过程中为了寻找材料而耽误时间；还需要考虑光线是否充足、房间内气味是否清新、有没有提前收拾垃圾；等等（Bentham, 2008）。

### 开场 / 宣布事项

花一点儿时间让大家进入会议状态，但不需要太多时间。在开始的几分钟，可以把一些特殊事项提出来，如某名教师的入职纪念日、生日，或他们所取得的成绩等。如果你有一些事情想立即告诉教师，如覆盖户外场地的树皮渣要在周五之后运过来或者不要往水池里丢垃圾等，也可以讲一下。需要注意的是，不要在会议一开始就营造一种消极的氛围。建议你采用其他方式交流这些事情。除非是一些事关健康、安全或其他同样重要的事情，如爆发了流行病或某名儿童家庭中发生了一些重要变故，必须要在教职员会议上宣布，否则其他事情不需要在此交流。

### 团队建设 / 破冰

组织一项团队建设活动，将其作为会议的开头是有好处的。要考虑团队建设的目的是什么。团队建设的目的是在团队成员之间建立紧密的联系、交流沟通、改善工作关系、提高效率、促进合作以及一起享受快乐。团队建设并不等于一起玩。如果只是为了玩而开展活动，那这个活动就只剩下玩了。下面是一些建议，供你在组织团队建设活动和破冰活动时参考。

- 目标是什么？
- 有多少可用的时间 / 空间 / 材料？
- 教职员是否喜欢参加这些运动？是否愿意进行亲密接触或在众人面前讲话？（即便教职员不喜欢，也不要为此放弃团队建设活动，只不过需要循序渐进。）
- 教职员的竞争性强吗？（这决定着你应该选择哪些类型的活动，竞争性过强的活动会影响团队建设的效果。）

这里有两个例子，可以进一步展示破冰活动的目的和效果。

## 例1

这次会议有刚聘用的三名新教师第一次参加会议。会议的目的是让大家享受乐趣，减少新老教师之间的隔阂，让大家相互了解。你决定玩一个"宾果"游戏，但盒子中放的不是数字，而是一些人的特征描述，如"曾经在众人面前唱歌""会演奏乐器""热爱团体运动"等。

## 例2

你觉得如果教师们能在班级之间进行协作，那么他们将能受益很多。教师们往往根据自己的年龄或教龄形成一些圈子。你的目标是打破这种圈子，让教师们体会到跨年龄或跨班级合作的价值。你决定在分组时把不同班级的教师组合在一起，让他们玩猜字谜游戏。

如果对团队建设活动或破冰活动进行提前计划和考虑，那么就能达到事先预期的效果。当然，不要忘了活动应该是有趣的。毕竟，笑声能够缓解紧张情绪。享受乐趣，可以是你的活动目的之一，甚至是唯一目的。但是，不能每次活动都只以玩乐为目的，不然教师们很快就会失去兴趣，活动的价值就会被削减。

需要提醒的是，你自己不想做的活动，也不要让教师们做。成人学习者必须要感受到安全和被尊重，就像我们在第三章中谈到的那样。

### 问题研讨/合作

世界上的每家幼教机构都会不时地遇到一些儿童保教方面的困难和问题。虽然我们并没有明确数据，但我们有信心做出这样的论断。此外，每家幼教机构还会遇到其他的挑战，如儿童的分离焦虑、特殊需要、家庭因素给儿童造成的负面影响、午休时间的行为问题等，可能还有一些与儿童本身不相关的问题存在，如家长不遵守规定、教师不遵守时间，或是部分教师把画纸全都搬到自己教室里存着，等等。尽管你是领导者，但并不一定要知晓所有问题的答案，也不必让你的教师们觉得你能解决一切问题。你能做的，是营造一种合作解决问题的氛围，关键在于让大家感受到，自己遇到困难是正常的，甚至是必然的。大家需要在一起进行"头脑风暴"，共同找到解决问题的办法。

如果你在此前的教职员会议上从未组织过教师们共同研讨问题，那你需要采取循序渐进的步骤。当教师们养成了这种习惯，他们就能看到合作的价值，就更愿意参与其中。为此，可以尝试以下建议。

- 设立一个匿名的建议箱。
- 请每个班级的一名教师提出一个自己遇到的困难。
- 你代表教师们提出一些问题。

在组织头脑风暴时，可以尝试以下建议。

- 请教师们写下自己的建议，可以是每人都写；也可以以小组形式，指定一名组员写出大家讨论后的建议。
- 不让教师们评判和争论这些建议是好是坏。
- 对最终得到采纳的建议提供者，给予奖励。

活动的目的是建立一种安全、积极的氛围，让教师们把会议当成提出并解决自己遇到的问题的机会。

### 专题学习

现在，是时候在教师们已有的知识基础之上向他们介绍新的学习内容了。你要考虑的不仅是培训的主题和内容，还有由谁来提供这些培训。注意，对教师们进行日常观察能够帮助你找到合适的主题，还可以对教师们进行调查，询问他们希望在哪些方面进行学习。这比替他们做出决定更好。如果你之前从未让教师们参与制订计划，那么你可能会觉得与其让他们进行开放性选择，倒不如向他们提供几个选项进行选择更容易一些。要让教师们逐渐适应新的合作氛围。学习的主题可以是如下内容。

- 理论性的，如"以游戏为基础的课程"的内涵。
- 涉及某一具体方面的，如科学活动。
- 介绍一个新的内容，如项目教学法。
- 聚焦于儿童发展，如如何帮助儿童增强自尊心。

- 聚焦于某一种教学技巧，如怎样讲故事或怎样观察和评价儿童。
- 介绍第三方质量认证体系的步骤或要求。

无论聚焦于什么主题，你都要考虑教师们当下为什么需要学习该主题，确定学习所要达成的目标。

谁来提供这些培训呢？一些幼教机构的管理者告诉我们，他们觉得教师们更倾向于让外面的人来讲。不过，这不意味着幼教机构管理者本人不能讲，只不过需要根据具体情况做出最佳选择。可以考虑如下问题。

- 附近是否有其他的机构管理者也面临着同样的问题？
- 你和其他机构管理者是否给彼此机构进行这种培训？
- 你是否联系过本地的儿童教育协会或者其他机构？
- 家长们呢？如果你的主题是科学，恰好有名家长是在科技行业工作，他可能是一个很好的嘉宾讲师。
- 本地学区、资源推介机构或家庭教育机构呢？这些机构通常享受政府拨款，从事培训和社区支持工作。
- 考虑你的教师。一些教师可能有很多的经验值得分享。有句老话说得好，"当你教别人时，才能学得最好"。只要你能确保教师讲的内容符合机构的宗旨和理念，就给他们机会吧，尤其是教师刚到外面参加了培训、会议、工作坊后，更适合承担这样的任务，这能起到"一石二鸟"的作用，既能推动全体教师进行专业学习，又能让讲课的教师巩固所学知识。

### 结束 / 跟进考查学习效果

会议的结束环节，绝不只是简单的清理打扫。在结束环节，你可以问这样的问题："现在要怎么做？"你期望第二天就在班上看到今天观摩到的科学活动吗？你明天会到班里去观察教师有没有促进儿童的自尊发展吗？你想让教师学了之后做什么？在相信教师能够内化这些知识的同时，你也要提出实践性要求，表明你的期待是什么。当会议时间不够时，人们往往会忽略这些内容，但这些内容其实才是最重要的内容。成人每天都会接受大量的信息。如果他们不能即刻了解到利用这些信息的目的，那么这些信息就很可能会被遗忘掉。通过有效地组织会议结束环节，告诉大家你的期待以及跟进措施，从而避免这一后果的出现。

教职员会议在任何时候都很重要。在第三方质量认证体系中，它也是不可或缺的一部分。一家幼教机构如果拥有一种乐于迎接挑战、促进教师成长的会议文化，那么能增加其通过第三方质量认证的概率。

### 布置其他琐事的方式

你们可能会问："如果我不在教职员会议上强调新的停车管理办法，还能在哪儿说？"这个问题提得好，因为任何一家幼教机构都应该向教师宣布管理制度和办法。在交代一些简单信息时，使用员工备忘录或电子邮件是一种有效的方式。为了确保教师们能遵守，可以把员工备忘录张贴在一些显眼的位置，如闹钟或者签到簿旁边，并要求每个人看后签字。员工备忘录要定期贴出。为了提高大家的关注度，在教职员会议上可以点名表扬那些最先看到或最先遵守新规则的教师，并发放一些小奖励，如一袋糖果、本地餐馆的代金券，或是一张写着"园长会在你需要时帮你们班倒垃圾"的兑换卡。这些沟通本身也可视为一种培训，需要用到你所学的有关成人学习特点的知识。在迎接第三方质量认证时，这些做法都很重要，所以应该提前实施。

很多幼教机构在日常开展在职培训和教职员会议方面不存在困难，但是当提及正规教育时，情况就变得复杂了。当要求教师们提高学历时，他们往往会产生紧张情绪。如果你能在幼教机构中创建不断学习的氛围，那么这样的要求就不会再让教师们感到紧张了。

教师们可以通过不同的途径获得正式学历教育。你可以等有人提出这方面要求时再督促教师，如机构管理委员会、家长们或是第三方质量认证机构。你也可以在聘用新教师时就提出这方面的要求，从而增强幼教机构中的学习氛围。在当前的大多数第三方质量认证体系中，教师接受正规教育是重要的评价标准之一。你对教师们提出要求越晚，就越难以达到这些要求。

提出要求的方式会影响最后的效果。要是你说"如果你不去学校学习，我们就不能通过全美幼教协会的认证了！"，你可能会遇到很大的阻碍。反过来，如果你向教师们解释正规学历教育对他们的教育教学会有哪些影响，效果可能就会好得多。根据"教师教育水平对学校式幼教机构儿童发展水平的影响"研究，教师的学历水平和他们的教育教学能力之间存在正相关。另外，你应该强调教师专业发展的重要性。教师的专业发展要求其接受正规教育。在跟教师们探讨他们要接受的正规教育前，你还应该查阅搜集相关信息，便于他们选择。

### 可能的选择

儿童教育领域有很多接受正规学历教育的途径可供选择，最适合的方式取决于教师的当前水平和目标是什么。管理者也是需要资质的，你在正规学历教育方面的追求不仅事关个人，还可以为其他教师树立榜样。管理者可以在管理专业方面接受更进一步的教育，获得管理者资格证。很多州都要求没有获得学前教育专业学位的管理者必须获得这一资格。仔细了解相关的教育要求再做出选择，如明尼苏达儿童教育协会（MNAEYC）和美国儿童护理专业协会的要求。对于新上任的管理者，这样的资格培训比短期培训更有价值，它能提供丰富的实践性知识和技能。

对于普通教师，他们首先要获得的通常是儿童发展专业副学士，它相当于高等职业教育水平。要获得儿童发展专业副学士学位，必须完成一定的课程学习并通过考核，考核方式包括接受现场观察在内的多种方式。对于那些没有任何学前教育相关学习经历的教师来说，儿童发展专业副学士是个很好的起点，尤其是当他们暂时还不清楚自己最终要达到什么水平的时候。儿童发展专业副学士的学习能让教师学到很多实用的知识技能。很多学院、技术学校或本地的幼教机构都有儿童发展专业副学士教育项目。在选择时，教师们应当考虑两个主要因素。

- 这个项目是否得到专业认证委员会的认可？
- 该项目中的课程学分可否兑换？也就是说，如果你将来学习其他课程，重复的课程内容是否可以替代？（很多人现在不太考虑这个问题，但等到上本科才发现有重复课程时再考虑这个问题就晚了。）

幼儿教师也可以选择其他的学历教育，如儿童发展或学前教育专业的副学士、学士或硕士学位。要在得到国家认可的大学或学院学习。有一些州还提供儿童发展专业资格证书或与儿童发展专业副学士同水平的资质证书。但是，要先考察清楚，这些项目是否提供学分，在第三方质量认证体系中能否得到认可。

## 障碍

只知道有哪些选择，并不能让选择变得容易。教师们在寻求正规学历教育时，存在很多的障碍。

### 时间障碍

幼儿教师通常每周要工作 40 个小时以上，自己的孩子需要照顾，很多的家庭琐事需要操心。他们虽然很想去学校受教育，但是每周挤出几小时的时间其实并不容易。如果可能的话，跟你的教师们一起讨论他们的日程计划，寻找可能的选择，如在线课程、夜间或周末课程。有时，他们只是需要有个人帮他们一起思考，然后就能想到可行的办法。对于时间管理，很多时候都是"旁观者清"。在机构中给教师们设置一个可以安静思考的区域，也能帮他们做好自己的规划。在安静的空间放上可供教师们参考的资料，能让他们在忙碌的一天中利用好短暂的时间空当。

### 资金障碍

缺少资金，也是阻碍继续教育的一个现实理由。幸运的是，很多项目的花费非常少，甚至没有花费。很多幼教机构可以报销教师接受继续教育的费用。还有很多方法可以节约开支。例如，如果你的幼教机构里同时有两名或三名教师在接受继续教育，可以共享或交换课本。还可以想一些其他有趣的主意。曾有一家幼教机构在教师休息室设了一个储钱罐，请教师们捐献零钱，供大家买书。还可以尝试申请政府资助。这些资源都可以被广泛收集和利用，让教师们知道自己有哪些选择、能得到哪些支持。

### 心理障碍

如果我失败了怎么办？如果我忘记怎么学习了怎么办？万一他们跟我说，我从事幼教工作五年来的做法都是错的，怎么办？恐惧是面对变化时常见的心理障碍。我们应该正视，而不是忽略它。如果你告诉一名教师"哦，别担心，你能行"，你其实并没有正视他的恐惧心理，你只会让他觉得你没有意识到他的恐惧心理。你可以为这些教师创造一些体验成功的机会，以帮助他们了解自己的优势和弱点。记住，他们感到恐惧的理由可能是合情合理的，他们可能的确学习能力不强。对他们而言，回学校接受正规教育确实令人生畏。

### 对个人益处的不确定

这对我来说有什么好处？不理解或不相信接受正规教育对自己的益处是最重要的障碍之一。这个障碍不可轻视，因为一旦突破了它，其他的障碍就不足为虑了。突破它并不容易，因为一些人甚至意识不到自己存在这个障碍。现在我们就来一起看一看，接受正规教育究竟为个人能带来哪些好处。

- 更高的薪水
- 晋升的机会
- 自信心增强
- 自豪感提升
- 得到同伴和上级的更多尊重
- 得到更多信赖
- 拥有更多的技能，让自己的工作更轻松
- 更强的教育教学能力，让儿童得到更好的成长
- 学习新的策略和技巧
- 增长额外的知识和能力，如书面表达能力、教育理念意识、各领域的学科知识等

很多教师告诉我们，他们太老了，或者他们觉得自己懂的知识已经足够多了。但是，这些教师在真正接受继续教育后会说"我以前从来不知道我可以为自己感到如此骄傲"，"（接受教育）让我达到了自己不敢想象的水平"。

## 为专业发展制订计划

不要继续停留在讨论潜在可能性上，而要把你的目标写下来。可以使用前面提到的职业发展规划表（见表4-1）。

把目标写下来。在职培训和正规教育同样重要。记录目标可以使教师们对专业发展的追求更有目的、有价值，从而造福于他们。

可以先把目标列出来，再填写其他内容。当教师们还不清楚适合个人的专业发展类型时，适于采用这种方式。

表 4-3　职业发展规划表

| 姓名 | 目标 | 州政府（或机构）的要求 | 偏好方式 | 计划 | 当前状况 |
| --- | --- | --- | --- | --- | --- |
| 朱利奥 | 增进有关儿童艺术教育和其他领域的知识 | 40 小时 | 加入一个班级或工作坊 | 获得儿童发展专业副学士学位 | 已联系了当地的社区大学 |
| 雷娜特 | 更多地理解儿童发展典型特点 | 40 小时 | 在线学习 | 在线获得儿童发展专业副学士学位 | 已完成注册 |
| 杰茜卡 | 了解有关儿童的更多知识 | 20 小时 | 在线学习 | 查询相关部门和在线培训的内容 | 5 月 30 日前完成了 1 门课程 |
| 瑞树 | 考虑幼儿教师是否适合作为自己的长期职业 | 20 小时 | 团体学习 | 参加儿童发展专业副学士学位的团体课程 | 联系了专业认证委员会 |

以这种方式规划专业发展，能促进教师的学习并帮助他们发现专业发展的价值。这种自我发现和选择的机会，能让学习变得更有意义，让教师们更愿意学习。

让教师们感觉自己不得不去做某件事才能保持自己的价值，这是最差的激励方式。一名兢兢业业工作多年的教师，怎么会因为学历问题一夜间变得不合格了呢？答案肯定是不会的。但是，如果幼教机构负责人处理不好，就会让教师形成这种错觉。如果是用"认证需要"来激励教师，那么就会导致不必要的、不准确的误解。一定要始终记住问一问"为什么"：为什么质量认证体系把教师资质和专业发展看得这么重要？为什么教师们要关心专业发展？

# 行动建议　专业发展

幸运的是，很多教师都成功地克服了前面所说的各种障碍，他们所在的幼教机构也成功地通过了第三方质量认证。以下是一些可供参考的办法。

### 集体行动

在教职员会议中安排的专业学习时间里讨论教师专业发展的问题。请教师们思考自己成为幼教专业人员的初心，他们想在哪些方面获得发展，他们觉得怎样才能获得这些发展。根据大家现在的水平，向他们介绍儿童发展专业副学士学位的课程或其他副学士学位课程。鼓励部分教师一起去学习这些课程。他们可以组成学习小组，碰撞思想，共享图书，分享体会。这样，他们的负担就会变轻，更有成就感。如果幼教机构的管理人员也参加这个学习小组，效果会更好。

### 认可教师的进步并给予奖励

如果你还没有一套奖励和认可教师进步的办法，尽快建立起来。就像对待儿童那样，对教师们取得的点滴进步也应给予积极的强化，这样才能让心存疑虑或焦虑的教师继续前行。报名参加一个课程班进行学习，在班级中尝试新的做法，完成一个学期的学习，得到好的分数，毕业并取得学位，都是值得庆祝的事情。

### 可视化标记系统

还有一个好办法，制作一个可视化的标记系统，呈现大家的进展情况。当一名教师说自己要去报名时，如果能清楚地看到她究竟有没有去，那么这本身就是一种很好的激励手段。尽管有很多学前教育专家不赞成对儿童使用小贴画进行奖励，但这种办法对成人来说却经常是有效的。

### 支持系统

要确保为参与学习的教师们营造一个积极的支持性氛围，并且为他们提供可利用的资源。另外，要认识到他们为了返校学习，很可能不得不放弃一些东西。你可以做一个留言张贴板，让教师张贴留言信息，如"我要去上课，需要有人帮我照顾孩子"或者"我周二去购物，如果你需要我带东西，请周一晚上给我购物清单"。这些措施可以很好地为教师们提供支持。

这些是我们见过的一些成功案例。最好的办法来自你和你的教师们。与其让他们忽视或是制造更多的问题，不如请他们一起解决问题。在这个过程中产生的尊重、合作，能让你的幼教机构为成功地通过第三方质量认证做好必要的准备。

# 教师专业发展在第三方质量认证体系中扮演的角色

我希望本章所谈的话题对你有所帮助，但你可能还是会问："这跟我迎接第三方质量认证有什么关系？"下面是它们有重大关系的 4 个理由。

- 通过关注、珍视专业发展所营造的文化氛围，在你迎接第三方质量认证时会发挥巨大的作用。在教师专业发展方面的努力和付出，正是迎接第三方质量认证所需要的。
- 如果在教师专业发展方面先行一步，那么在迎接第三方质量认证时，就更容易在此方面达到要求。
- 在教职员会议中建立的议事常规，能让你在迎接第三方质量认证的过程中更好地聚焦于每个步骤所要完成的任务。
- 教师们在第三方质量认证过程中所经历的事情，实际上对他们而言，就是专业发展的机会。只有你营造好学习和成长的氛围，教师们才能意识到并抓住这些机会。

### 阳光儿童发展中心

好消息！马撒和乔治娅制作了在职培训表格，在跟每一名教职员进行了一对一商讨后，把他们的情况都填了进去。他们会把这些表格张贴在教师休息室里。每当有人完成目标，大家会一同庆祝。每个人都为了更好地促进儿童的成长而努力学习。但是，一提到返校接受正规教育，大家还是有点退缩。逐渐营造学习和专业发展的氛围，对马撒的幼教机构来说虽然比较慢，但应该是一个很好的办法。教师们对专业学习的态度很积极，这让马撒感到很兴奋。还有一个好消息，助教教师瑞树刚刚报名了儿童发展专业副学士学位的课程学习。

# 第二部分
# 过程

在确定了哪个第三方质量认证体系适合自己的机构并制订了计划要实施之后，你就可以考虑具体的实施策略了。在这一点上，机构管理者们常常感到不知所措：我从哪里开始？如何开始？谁能帮我？正确的答案是什么？什么是最好的证据？怎么才能保证时间做这些事情？我们试图在接下来的两章中回答这些问题，希望它们能成为你继续学习的指南、资源。我们还会提供一些检核表和工具，这些可以让你找到答案。

请记住，本书不能替代你选择的第三方质量认证体系提供的材料和工具。这里的建议和指导可以使过程变得容易一些。

# 第五章　自我评价的过程

**阳光儿童发展中心**

乔治娅刚刚从美国认证协会网站下载了自我评价的资料。马撒昨天把这项任务委托给了乔治娅，乔治娅希望自己尽快完成。美国认证协会的资料会帮助马撒和乔治娅保持信心。

所有第三方质量认证体系的设计本质都是相同的，即设计一套与儿童保育与教育相关的标准。这些标准初看起来可能让人觉得有点招架不住，甚至让人产生担忧。你可能会问自己，我怎样才能实现这一切？通常，标准包含数百个指标，从物质环境设计到财政支出，找到一个起点可能很棘手。作为这个过程的发起者和领导者，你需要理解这些标准意味着什么，但最重要的是，要理解自我评价的目的和价值。

没有任何一个第三方质量认证体系打算在短时间内完成评估。就质量而言，无论你的幼教机构处于什么水平，如果低估了自我评价过程的重要性，那么就会在实现和长期保持这些标准时感到举步维艰。设计第三方质量认证体系是为了研究与分析你所做的改变，而这种改变也将是长期的和可持续的。成功的幼教机构都已经做到了这一点。

在本章中，我们将深入探讨自我评价的目的和价值以及如何找到起点，让自我评价变得有意义，并对你的幼教机构产生长远影响。同时，我们将介绍如何根据第三方质量认证体系的标准对幼教机构进行评估。

在收到自我评价材料后，你可能会发现自己的内心生出了些许恐惧。打开包裹意味着不得不开始。在进行自我评价前，仔细阅读本章内容。我们希望，在读了本章内容后，你会带着热切的期望钻研资料。

# 自我评价的目的

让我们从自我评价的目的开始。简单地说，它给了你和你的幼教机构一些时间来理解标准、指标、过程的实施、关键人员、要进行的改变以及需要收集的材料。在大多数情况下，你可以控制完成这件工作的时间，这是个好消息。一定要检查你选择的第三方质量认证体系对于材料提交是否有限定日期，以确保你在这段时间内完成自我评价。

在某些情况下，你的时间安排可能会受到当前第三方质量认证体系限定日期或外部期望的影响，如来自州政府或机构投资人的期望。即使在这些情况下，你仍然可以控制预期的时间并有序开展工作。无论你为自己预留了多长时间，工作的节奏都要由自己掌握。认识到这一点，你才不会被期限弄得狼狈窘迫，第三方质量认证体系的自我评价需要的一切也能在这段时间内完成，无论是 6 个月还是 18 个月。与我们合作过的最成功的幼教机构都会为完成自我评价设定最后期限。尽管设定这样的截止日期有一定的灵活性，但经验表明，缩短这个时限有助于保持自我评价的势头，典型的安排是从收到自我评价材料到申请现场访问的时间间隔控制在 12 个月。

自我评价有 4 个主要步骤。

1. 评价你所在的幼教机构当前的质量水平，并将其与第三方质量认证体系的标准进行比较。

2. 制订计划以完全符合第三方质量认证体系的标准。

3. 按照计划进行改进。

4. 重新评价你所在的幼教机构的质量水平，以检查机构质量水平是否满足第三方质量认证体系的标准。

这 4 个步骤本质上是循环的。在自我评价过程中，你可能会重复多次以达到标准。我们将在第六章深入地讨论这些步骤，现在先仔细看看如何开始自我评价。

许多幼教机构都会犯的一个常见错误是直接跳到第 3 个步骤，在不知道怎样做出改进或需要多长时间的情况下就着手进行改进。在通常情况下，他们会从改善物质环境开始，在购置硬件上花费大量资金，然后就以为自我评价结束了。这样的幼教机构是通不过认证的。他们得到的宝贵经验是，工作不能缺乏计划，不能只关注少部分目标，不能把关注点搞错。在开展自我评价时，你要将上述 4 个步骤都考虑进去，并在你的时间框架内全部完成。

幼教机构主管们通常认为，对物质环境的改造是自我评价过程中所花时间最多的事情。事实恰恰相反。为了证明这一点，让我们更深入地了解一下如何分配时间以应对自我评价的 4 个步骤。我们将用 1~9 个月的时间完成从收到材料到提交第三方质量认证申请的全部工作。这里列出了一些可能需要完成的事情。

- 熟悉第三方质量认证体系的过程、文件要求和最后期限。
- 将目前水平和第三方质量认证体系的标准进行比较。
- 确定改进的领域并制订适当的改进计划。
- 按照计划进行实际改进。
- 重新评估改进的成果。

9 个月的时间规划可能是这样的。

## 第 1 个月

- 阅读自我评价材料。
- 在自我评价材料中及第三方质量认证机构网站上（如果机构有网站）寻找有效的工具和资源。
- 参加第三方质量认证体系要求的培训。
- 确定你不完全理解的标准，询问第三方机构以进行了解。
- 确定第三方质量认证体系需要什么文件以及什么时候需要。
- 设计好如何整理文字材料，如用文件盒来收集必要的文字材料。（附录 B 的"文字材料或证据收集"提供了可供参考的例子。）
- 如果需要，在社区中寻找能够给予培训支持的群体或有效指导者。

## 第 2 个月

- 为本机构中即将参与或会受到自我评价影响的相关者提供介绍性信息和培训，这些人员主要包括教职员、家长、管理委员会成员或者在第二章中列出的其他人。

• 参考第三方质量认证体系标准，运用自我评价材料中的工具和资源，收集能够促使你的幼教机构符合标准的信息，可能包括对教职员的调查、对家庭的调查、对教师的观察以及对行政、财务的审查。

## 第 3 个月

• 回顾你在第 2 个月借助调查、观察、审查所收集的信息，确定并列出有改进空间的领域。

• 根据这些领域确立行动计划。这些计划可能包括对教职员的培训、为家长提供学习机会、为特定的班级制订任务清单以及有关管理事务的任务清单。成功完成这些计划的关键在于为这些任务清单设定具体的截止日期。

## 第 4~7 个月

• 根据给予的适当时间、条件改善计划，详细列出需要在 3~4 个月内完成的任务。

• 如果把任务按照重要性排列，设定最后期限并及时跟进，那么制订行动计划就不再是一项困难、艰巨的任务。

## 第 8 个月

• 借助自我评价材料中的工具和资源，重新评估你的幼教机构与第三方质量认证体系的差距。将未完成的重点予以标注，列出新的弱势领域。

• 复查所有行动计划，确保所有任务都已完成。

• 在第三方质量认证机构复审或现场访问之前，制订一套最终的行动计划。

## 第 9 个月

• 收集第三方质量认证体系需要的所有信息并提出申请，邀请进行现场访问或最终复审。

・完成所需的文字材料，提交给第三方质量认证机构。

通常情况下，当第三方质量认证机构收到你提交的材料后，会在 3~6 个月内安排现场访问或评估。

无论你完成自我评价所需的时间有多长，最好把它分成几个时间段。在你继续推进工作之前，做好规划。

## 行动 11　为自我评价做时间规划

请把以下问题的答案写在笔记本上。

1. 你所在的幼教机构现在通过第三方质量认证了吗？（如果没有，请继续回答问题 3。）

2. 如果有，其有效期是多久？

（在认证有效期结束前，许多第三方质量认证体系会要求幼教机构提前 3~6 个月提交材料，以留出足够的时间安排复审。请与你的第三方质量认证机构核实，以确保不错过截止日期。）

3. 你计划什么时候提交文字材料并申请现场访问或评估？

4. 你需要几个月来完成自我评价？

（许多第三方质量认证机构规定了最短的自我评价时间。请与第三方质量认证机构核实，确认相关的要求。）

在附录 B 中，你会看到一个 18 个月的时间规划。预估你有多少个有效月，然后写下在这几个月里你要完成的任务。为了帮助你顺利完成这个过程，请回顾上面描述的 9 个月的时间规划范例。

对于幼教机构负责人或管理者来说，在自我评价的过程中，制订计划和撰写行动方案是重要的工作。就像第三章所述，要明确你的工作不是做一些类似于给货架贴标签的小事情。你的工作是计划、沟通、领导及跟进。为行动计划制订时间表，能帮助你更好地把控进度和方向。有了明确的目标和事先制订的计划，才能更好地让每个人都参与到工作中来，最终如期达成目标。

在之后的自我评价中，你做的计划要更加详细具体，并且目标性更强。

这样的计划能让正确的人以正确的目的及时地完成其应承担的任务。

## 自我评价的价值

在开始质量认证前，你需要知道要做什么以及为什么要做。无论你的幼教机构最终能否通过质量认证，你都应该明确自我评价的价值和益处。最重要的是儿童及其家庭能从中受益，这是我们的终极目标。即便最终没有通过第三方质量认证，接受评估的过程也是有好处的，具体如下。

- 改善物质环境
- 关注健康与安全
- 实施发展适宜性教育
- 实施对幼教机构教育质量的评价
- 为教职员提供培训及专业发展机会
- 为家庭和社区参与创造机会

### 改善物质环境

幼教机构最外显的组成部分是它的物质环境。这是家长每天看到的地方、教师工作的地方、儿童收获经验的地方，尤其是班级环境，它既反映了教师的理念和实践，也反映了整个幼教机构的理念。儿童的大部分时间都是在这里度过的，这使得物质环境变得尤为重要。改善物质环境通常是幼教机构自我评价的第一步。然而，这可能是需要的工作量最少的领域。使用第三方质量认证体系提供的工具和资源，能帮助你对班级环境做出有意义的改变。这些变化会对儿童的学习产生积极的影响，而不仅仅为了美观而改变（详见第七章）。

### 关注健康和安全

每个州都有关于儿童保育和教育机构的审批标准，都会重点强调健康和安全。第三方质量认证体系通常建立在这些标准之上，我们增加一些他们认为重要的、更高的标准。符合健康和安全的规定是教育的基础，在此基础上才可以追求更高的水准。我们在帮助幼教机构进行自我评价时发现，随着对健康和安全的关注度增加，事故和疾病就会显著减少（详见第八章）。

### 实施发展适宜性教育

关于发展适宜性教育，有大量可供参考的信息。有一些资料是由第三方质量认证机构自己编写的，还有一些是由有经验的幼教实践者编写的。值得庆幸的是，所有第三方质量认证体系都是以发展适宜性教育为基础的。通过学习贯彻这些标准，你的幼教机构将会接触到此方面的最新研究动态（详见第九章）。

### 实施对幼教机构教育质量的评价

自我评价的过程极具启发性，常常催促幼教机构发生积极的变化。通过发现自己的弱势领域，你可以有针对性地进行改进。课程实施、家庭服务和教师培养等都应在基于自我评价的针对性改进措施中得到有效提升。

评价幼教机构还可以使教师和管理人员成为自觉的自我提升者。没人喜欢由于没有尽力而失败的感觉。追求良好表现的动机，会促使人向更好的方向发展。例如，一名教师评价了课堂上的健康和安全措施，发现有些方面并没有达到应有的水平。这名教师可能会在别人尚未要求自己的情况下就先做出调整。即便你的幼教机构延迟或未能通过第三方质量认证，自我评价的过程也会带来一些积极的变化（有关健康和安全的详细信息，详见第八章；有关学习和发展评价的详细信息，详见第十章）。

### 为教职员提供培训及专业发展机会

许多第三方质量认证体系都规定了对教师和管理者的最低学历要求。合格的教师及管理者是确保保教质量的最基本条件。第三方质量认证体系对这些资质的要求，能让教师们明白幼儿教师这一职业究竟意味着什么。幼教机构可利用这些信息，告诉教师质量认证对教师资格的要求是什么，同时为其专业发展提供足够的学习机会。

## 为家庭和社区参与创造机会

很多幼教机构会忽视家庭和社区教育的参与，只开展诸如家长会、假日活动或参观消防队之类的活动。大多数第三方质量认证体系都会在家庭和社区参与方面制订相关标准，并帮助幼教机构策划有意义的活动。除此之外，你也可以让家庭更多地参与到教育过程中来。单是家长调查本身就可以增加与家长的交流，特别是与那些平时不知道该以何种方法参与活动的家长的交流（详见第十一章）。

### 阳光儿童发展中心

马撒、乔治娅和教师团队成员从一开始就决心组织和管理好他们的资源。他们确信，这将使他们更容易通过美国认证协会的认证。马撒、乔治娅和教师团队成员已经确定了需要做的事情，并根据重要性对这些事情进行了排序。马撒对一些工作进行了安排。一些教师制订了时间规划，并且把它贴到了教职员墙上，这样全体教职员就可以了解幼教机构的整体进展。其他教职员也准备了文件盒，用于收集文字材料。

"接下来，我们只需要完成自我评价了。"乔治娅说。

"噢，就这些了吗？"马撒轻声笑着问。

# 第六章 使用自我评价材料

**阳光儿童发展中心**

马撒和乔治娅正坐在教职员休息室里，美国认证协会的自我评价材料就放在他们面前。他们已经确定了需要准备哪些文字材料以及在自我评价过程中需要完成哪些任务，正在讨论这些任务完成的先后顺序。两人有一些想法。他们知道必须让所有的利益相关者参与进来，但还是存在一些困惑。马撒注意到认证材料活页夹里有两份材料标记了"教学"和"信息"标签。

马撒说："乔治娅，在我们进行下一步计划之前，先要读一下这些东西。"

乔治娅笑着表示同意："有问题，找提示。"

你是否意识到自己也面临过类似的情况？你虽然拿到了自我评价材料，但对如何使用其中的表格、如何进行调查和自我评价却感到困惑。

在第五章中，我们提到了完成自我评价的 4 个步骤。这些步骤提出了一些非常具体的任务。你将按照第三方质量认证体系的要求使用材料，因为在现场考察时，他们经常会审核这些材料。在本章中，我们会在一般意义上讨论这些自我评价材料，并且在完成自我评价材料方面为你提供一些经验指导。由于自我评价包含了很多琐碎的工作，所以有时候我们很难对所处的阶段始终保持清醒状态。为了让你对整个过程有全面的认识，请关注附录 B 中的"自我评价计划进度检查清单"，以跟进你的过程。请把清单复印一份，放在办公室里显眼的地方，时刻提醒自己关注相关任务。

让我们更详细地看一下自我评价的 4 个步骤，确定材料适合放置的地方。每一步都有特定的目标，并以前一步为基础。

# 自我评价第一步：评价目前的质量水平

在第一步中，你将使用第三方质量认证体系的标准对幼教机构进行全面评价。评价的目的是确定自我评价工作的起点，为管理团队和教师团队制订行动计划。评价能确保你未来的改进工作都能与第三方质量认证体系密切挂钩。记住，这一步只限于数据和信息的收集，还不需要你做出实际行动。

## 评价任务 1　确定文字材料

打开你的文字材料，找到用于自我评价的资料。寻找以下相关材料：教职员调查表、家长 / 家庭调查表、班级观察表、物质环境检查表以及管理制度检查表等。列出你找到的东西。

_____

_____

_____

_____

## 评价任务 2　分配任务

指派教师收集评价任务 1 中列出的每种材料，确定完成期限。记住，很多任务可能需要多次完成。表 6-1 提供了一个示例，能帮助你了解如何制订计划。

表 6-1　文字材料任务列表 1

| 材料名称 | 谁来完成 | 完成时间 |
|---|---|---|
| 教职员调查表 | 所有教职员 | 下次教职员会议（10/1） |
|  |  |  |
|  |  |  |

续表

| 材料名称 | 谁来完成 | 完成时间 |
|---|---|---|
|  |  |  |
|  |  |  |
|  |  |  |
|  |  |  |
|  |  |  |
|  |  |  |
|  |  |  |
|  |  |  |

## 评价任务 3　完成文字材料

现在你已经决定了做什么、谁来做，下一步就是按照计划去完成。记住，许多任务需要事先探讨。每完成一份文字材料，将其保存在一个稳妥的地方，直到完成所有任务为止。

### 最佳实践：评价当前质量水平

对于在使用自我评价材料时如何收集信息，提供以下建议。

- 明确你在文字材料任务列表中列出的完成时间（评价任务 2）。确保收集的信息能反映幼教机构的最新情况。如果把完成时间拉得过长，可能会导致信息过时，要考虑到每个月情况都在发生变化。

- 如果你使用的第三方质量认证体系需要做教师和家庭调查，就要考虑通过初步调查来进行摸底。相对于达到第三方质量认证的最低要求而言，更重要的是了解这些人员的重要看法。

- 不要让家长把调查表带回家完成，因为请他们把这些材料从家再拿回来往往不太容易。可以在大厅或入口处提供一个空间并说明要求，让他们早上送完孩子或下午接孩子回家之前完成调查表。

- 向教师明确，第一轮教师调查并不是对其表现进行评价，而是通过与第三方质量认证体系的比较，确定幼教机构当前的质量水平。请教师们匿名完成。

- 为教师提供一些关于自我评价的指导。向他们解释说明第三方质量认证体系的标准。

- 在教师调查中，不要引导教师"报喜不报忧"，这样的调查结果是不准确的。

- 让教师有足够的时间完成分配给他们的任务，如班级评价。草草了事容易导致信息不完整。

# 自我评价第二步：改进计划

在这一步中，你将收集和你的幼教机构相关的所有信息，并在此基础上制订切实可行的改进质量计划。这些不断改进的计划，是你逐步迈向第三方质量认证体系期望水平的桥梁。

为确保成功，做好计划无疑是最重要的事情之一。它能为你提供工作方向、时间框架，并让你清楚在剩下的自我评价过程中需要完成的具体任务。通常，你需要制订以下计划。

- 为每个班级制订行动计划或列出可参考的指标。这些指标要涵盖所有需要完成的任务，主要包括健康和安全、物质环境、设施和设备、课程及观察和评估等方面。

- 针对评价中发现的弱势领域，为教师制订培训计划，包括行动及步骤、师幼互动、儿童指导、课堂管理、过渡环节和发展适宜性教育的策略等。在这种情况下，培训不一定要采用正式的面对面形式，可以是简单的讨论或在教学过程中的指导。

- 家长沟通计划执行情况，即如何把幼教机构的制度、程序、教育方式等告知家长并和家长进行沟通、交流。

- 制订管理行动计划，即如何完成第三方质量认证体系中所要求的管理工作，如教师和儿童文件审核、现场考察文字材料收集、教师职业发展规划、培训日志等。

## 计划任务 1　确定弱势领域

这一任务将引导你寻找需要的信息，并在此基础上制订可行的整体行动计划。同时，你要将其转化为每个教师的行动计划。

1. 家庭行动计划

复印几份附录 B 中的"家庭行动计划"表格。把你已经完成的家长调查及评估信息置于合适的位置，然后对其进行检查（见表 6-2）。

### 表 6-2　家庭行动计划示例

| 标准 | 行动任务 | 负责人 | 完成日期 |
|------|----------|--------|----------|
| A.1.a—洗手步骤 | | | |
| B.2.d—应急程序 | | | |

将所有得到消极回应的内容填写到第一列并编号，确保采取相关行动措施来矫正它。完成后，先不要填后面三列，留到后续步骤中完成。现在，把家庭行动计划放在一边，看看下面的教职员培训计划。

2. 教职员培训计划

复印几份附录 B 中的"教职员培训计划"表格。将你已经完成的教职员调查表及班级观察表、评价数据置于合适位置。仔细检查每一项，寻找和教师应掌握的知识、技能有特定关系的内容。当然，要明确这些知识和技能可以帮助教师高效地开展工作，并能够促进教师达成第三方质量认证体系的要求。记住，在这种情况下，培训可能有许多不同的形式。在第一列中，将教职员不能积极回应的内容列出来并编号（见表 6-3）。

表6-3 教职员培训计划示例

| 标准 | 行动任务 | 负责人 | 完成日期 |
|---|---|---|---|
| C.1.c—年度会议 | | | |
| C.1.b—教职员了解的社区资源 | | | |

将所有得到消极回应的内容按序号填写到第一列中，确保你会做出一些培训计划来纠正出现的每一个问题，无论这些问题是多么地微不足道。

完成后，先不要填后面三列，留到后续步骤中完成。把教职员培训计划放在一边，现在考虑班级行动计划。

3. 班级行动计划

为每个教室复印几份附录B中的"班级行动计划"表格。将你已经完成的班级观察表、评价数据以及检查班级物质环境的清单放在合适的位置。仔细检查每一项，在第一列中列出得到消极回应的内容（见表6-4）。

表6-4 班级行动计划示例

| 标准 | 行动任务 | 负责人 | 完成日期 |
|---|---|---|---|
| G.4.b—确认学习领域 | | | |
| G.5.d—适合儿童年龄的学习方式 | | | |

将所有得到消极回应的内容，按序号填写到第一列。完成后，先不要填后面三列，留到后续步骤中完成。先把班级行动计划放在一边，继续看下面的主管行动计划。

4. 主管行动计划

复印几份附录B中的"主管行动计划"表格。你的第三方质量认证体系已经列出一些机构运行和管理的相关指标。这些内容可能在一个文件中，如美国认证协会的报告或者穿插在你所做的各种调查和评估中的内容。首先找到所有的操作标准，重新查看文字材料任务列表（见评价任务2），确定哪些材料包含这些标准。浏览每一份材料，在表格的第一列列出与行政、运营或管理有关的内容（见表6-5）。

表6-5 主管行动计划示例

| 标准 | 行动任务 | 负责人 | 完成日期 |
|---|---|---|---|
| C.3.f—每位儿童的紧急联系方式 | | | |
| J.1.e—每位教职员年度培训记录 | | | |

填写第一列，直到列出所有相关的内容。当你看完每一份材料后，把主管行动计划放在一边，想一想自己刚刚都完成了什么。完成后，先不要填后面三列，留到后续步骤中完成。

如果你完成了计划任务1的工作，说明你已经针对第三方质量认证体系涉及的所有标准制订了完整计划。通过列出任务清单，你能清楚地知道需要做多少工作、需要多长时间来完成自我评价。此时，你的想法可能会跟之前有所不同，你认为需要的时间和资源可能比之前想的要更多或者更少。这是非常有价值的信息，因为它决定了你下一步的预算和人员安排。

## 计划任务2 分配行动计划项目

把所有初步调查、评估和检查表收起来，你不再需要它们了。

请回到家庭行动计划（见计划任务1）。对于列出的每个内容，将行动任务和负责人的姓名填写至第二列和第三列，如下所示。先不要填写完成日期，你将在后续过程中填写此项。

表6-6 家庭行动计划示例

| 标准 | 行动任务 | 负责人 | 完成日期 |
|---|---|---|---|
| A.1.a 洗手程序 | 1. 在每个洗手槽边张贴洗手海报<br>2. 写下简短信息，描述洗手规则和班级程序 | 1. 蔡（Chae）<br>2. 马撒 | |

续表

| 标准 | 行动任务 | 负责人 | 完成日期 |
|---|---|---|---|
| A.1.c 教职员接受急救和心肺复苏术培训 | 1. 复印每名教职员的急救/心肺复苏卡<br>2. 检查每名教职员是否已张贴急救/心肺复苏卡<br>3. 将所有通过急救/心肺复苏卡认证的教职员名单张贴在门厅展示墙上 | 1. 马撒<br>2. 所有教师<br><br>3. 马撒 | |

对教职员培训计划、班级行动计划和主管行动计划做同样的处理。为特定的教职员和管理人员指定任务是很重要的，这样可以避免自己拟订的待办事项清单过于烦琐和难以管理。

### 最佳实践：计划改进

将这些计划视为你的总体规划。你的工作是管理总体规划，确保所有任务完成。（关于这一点的更多细节请参考第三步。）

- 给自己足够的时间来完成调查和计划。清晰具体地描述将要完成的任务。
- 记住，幼教机构仍然承担着教育教学、照顾儿童的日常事务。在确定工作期限和截止日期时要考虑这一点，这样才能做出切合实际的安排，不至于给教师或自己太多的压力，导致工作无法完成。
- 明智地分配任务。认真考察教职员的才能和技能，为其分配相应的任务，以此作为提高教师素养的重要机会。
- 跟进分配任务，这是你成功的关键。如果你为每个任务设定了期限，并且定期检查以确保教师们有时间、资源和能力完成这些任务，那么你很快就会看到整个幼教机构改进的迹象。
- 鼓励团队合作解决问题。允许教师在工作中犯错误，但也要督促他们改正自己的错误。接受别人的建议，履行自己的承诺。这将确保他们能够接受改进建议，让每个人都朝着共同的目标努力。
- 与你的团队沟通。不要让他们猜想你要完成什么。有了清楚、明确的要求，就会有合作。

- 在程序、制度方面，在准备文字材料时，你应该考虑如何建立真正的长效机制并发挥长远的影响，而非只是为了应付自我评价这个阶段性的工作。如果可以的话，审批、认证等方面的工作都可以囊括进来。（参考附录 C 中关于"规定和程序"的详细论述。）

- 不要指望自己一个人完成这件事。通过第三方质量认证体系认证是一个合作的过程，这也包括跟教师、家长的配合。你永远不可能独自完成这件事——如果这样做，你只会变得更累！

## 自我评价第三步：实施改进

现在已经到按照计划真正开始进行改进的时候了。你将按照在前面步骤中制订的总体行动规划实施。

### 改进任务 1　制订每周行动计划

在这个任务中，你将从总体规划中选择项目，并为每个相关人员制订每周的行动计划。这样分解任务的目的是确保教职员不会被工作量压垮，确保你作为管理者可以有目标地进行管理，确保你有一个可以在一周内实际完成的行动计划。每周制订一个行动计划，直到总体计划中的所有任务都完成。循序渐进地做这些事情比一次性做完更有效，因为这样做能让你更灵活地重新安排任务或者把未完成的任务添加到总体规划中。

- 从附录 B 中复印一份"家庭行动计划"表格。把日期写在最上面，如 9 月 15—19 日。

- 参考已经完成的"家庭行动计划"，选择一些你认为可以在一周内完成的任务。把它们写在空白的"家庭行动计划"表格上，填写最后一列，以限定任务完成的日期。

- 在总体规划上标记出本周要完成的项目。

对教职员培训计划、班级行动计划和主管行动计划同样如此，现在你已经准备好出发了！

## 改进任务 2 完成每周行动计划任务 ···········································

分发每周行动计划。与相关人员确认分配的任务是什么，检查他们的理解情况。随着时间的推移，与每个工作人员联系，了解他们在一周内如何根据需要提供支持和资源。

在周末收集计划，以确保所有的任务都完成了。在总体规划上画掉已经完成的任务。另外，在周五制订好下周的行动计划，并在下周一分发给所有教职员。把前一周没有完成的任务写在计划里。重复每周制订计划的过程，直到总体规划中的所有项目都被画掉。

### 最佳实践：实施改进

正如你所知，你的主要责任是管理总体规划执行情况。你要为教师们提供管理方面的指导，例如，如何进行长期规划、如何设置目标。你还要设定工作目标，跟进所分配的任务，创造解决问题的机会，营造追求成功的氛围。

# 自我评价第四步：重新评价质量水平

重新评价幼教机构的质量水平，能帮助你检查自己的幼教机构质量水平离第三方质量认证的标准还有多远。

当你已经完成了总体规划中的所有任务，就可以使用前文所述自我评价第一步的文字材料重新评价你的幼教机构。第四步的主要目的是看你的幼教机构是否达到了第三方质量认证体系的要求。

## 重新评价任务 1　重新查看文字材料任务列表 ························

重新回到自我评价中，整理一份第三方质量认证体系要求的所有材料，包括调查、评价、清单和观察材料。重新查阅你在评价任务 2 中所列的任务指标。表 6-7 将帮助你查看所有文字材料，确保没有遗漏。

表 6-7　文字材料任务列表 2

| 材料名称 | 谁来完成 | 完成时间 |
| --- | --- | --- |
| 教职员调查表 | 所有教职员 | 下次教职员会议（10/1） |
| | | |
| | | |
| | | |

## 重新评价任务 2　审查文件 ························

在完成第二轮调查、观察、检查清单和评估后，重新审查结果并保证幼教机构达到了第三方质量认证体系要求的标准。在你阅读这些材料时，将家庭行动计划、教职员培训计划、班级行动计划和主管行动计划中尚未完成的内容列在空白处。这些内容将纳入新的计划之中。

回顾评价任务 1 列表中符合第三方质量认证体系的标准。一般情况下，第三方质量认证体系会规定家长调查表、教职员调查表的问卷回收率以及给出正面回答的比例。

### 阳光儿童发展中心

阳光儿童发展中心有 100 名已注册的儿童，因此马撒复印并发放了 100 份美国认证协会家长调查表。美国认证协会需要至少 60% 的家庭完成调查并交回调查表。这意味着马撒需要收集至少 60 份完整的调查表。美国认证协会同时要求在交回的家长调查表中，至少有 75% 的家长对调查的问题做出正面回应。因此，当马撒整理收上来的家长调查表时，她必须确认调查的每个问题有 45% 以上给出了正面回应。

　　幸运的是，在她回收的 84 份家长调查表中，有 80 份以上给出了正面回应。马撒对此非常高兴！

　　就像马撒这样，你必须按照第三方质量认证的规定去完成各项工作。阅读自我评价的操作指南，了解这些规定，将其写在笔记本上。

## 行动 12　检查文件合规性

表 6-8　检查文件合规性表

| 文件名称 | 合规性要求 |
| --- | --- |
|  |  |
|  |  |
|  |  |

## 重新评价任务 3　重新审视你的总体计划

　　在根据第三方质量认证体系的标准进行重新评价时，重新查看你所制订的新的总体规划。如果你还有很多任务需要完成，那么这一轮重新评价就不应该是最后一轮。你依然需要制订新的规划并每周增补。完成之后，返回重新评价任务 1，重新完成所有调查、观察清单和评估，直到最终基本完成所有的调查、观察清单和评估。

### 最佳实践：重新评价质量水平

　　实施改进和重新评价幼教机构的质量，本质上是一个循环的过程，你应该避免匆匆忙忙地完成这些步骤。要获得能经得起时间考验的长期效果，需要耐心和责任心。

在开始重新评价任务之前，要确保你理解了第三方质量认证体系的要求。通过这一轮借助于调查、观察、检查清单和评估所获得的信息，验证你已经达到的标准并进一步为尚未达到的标准重新制订计划。

良好的计划和有意义的自我评价，将带来积极的改变和进步，这些改变和进步的意义会远远超出现场评估或审查。保持高质量是一项持续性任务。自我评价的这些步骤和措施，能让你的幼教机构获得长期高质量发展的基础。

记住，文字材料的收集和审阅是为了得到正规、准确的证据支持，为了证明你真正做到了这些工作。对于每个需要证据支撑的标准，都要进行认真思考，其目的并不是要应付文字要求，而是确保你的幼教机构真正符合标准。这个过程不一定能对你的幼教机构产生什么实质性的改变，但会让你的工作变得有章可循，从而带来更高质量的教育。

### 阳光儿童发展中心

马撒的工作千头万绪。她对如何制订总体规划有了清晰的想法，这将帮助教师了解要做什么、为什么做、什么时候做。今天早晨，2岁班的肖德拉老师说，她对于要在班级里实施改进计划非常兴奋。这让马撒很开心，因为肖德拉在自我评价开始时，对改变是有抵触情绪的。

# 第三部分
# 内容

　　此后的五章内容主要介绍第三方质量认证体系。每章开头都是对某一主题的概述。每个第三方质量认证体系都有自己的术语和标准，以及与标准相关的具体内容，这样能够保证让所有的读者都在同一语境中理解相关内容，还可以帮助读者明确在第三方质量认证中应如何理解主题，同时也指导读者阅读其他章节的内容，让读者能够基于相同的理念和假设来理解标准。

　　每章都包含了不同内容在班级和幼教机构中应该呈现的具体状态。我们在进行第三方质量认证过程中经常听到教师或者管理者提出这样的问题："那应该是什么样的呢？""评价者希望看到什么呢？"每家幼教机构都具有自己的独特性（我们并不支持"一刀切"的做法），但是通用的标准必须要有具体的描述，这样才能够让读者有更加清晰的理解。具体的描述不仅能够帮助你和你的团队更好地理解标准意图，而且能够帮助你明确如何呈现一个高水平的状态。对于不同主题及其意图理解得越深入，就越容易达到相关的标准。

　　此外，每章都包含了具体的活动、主旨和评价工具的使用指导，以便你能够以第三方质量认证体系为指南，带领你的团队不断改进教育实践，提升教育质量。

# 第七章 物质环境

**阳光儿童发展中心**

教师们想在班级中进行评价，他们想评估教室里的硬件设施和材料。马撒从评估标准中学习到，跟教室里有哪些设施材料相比，让教师学会如何创设环境、如何使用材料更重要。于是，马撒计划整理一份详细的设施材料清单，同时开展如何优化环境的相关培训。

## 定义

一家幼教机构的物质环境包含很多内容，如班级的布局、桌椅家具的摆放、设施设备，也包含公共空间及其特有属性，如教职员休息室、户外操场、安全防护设施、油漆的质量等。物质环境中相关物品的质量和使用情况是所有第三方质量认证体系的重要组成部分。

物质环境为儿童的游戏、学习和生活搭建了舞台……( NAEYC, 2005d，9 )

## 重要性

人们往往在环境创设后才会考虑环境设计和影响问题。在环境创设之前，我们经常对其没有做很好的设计，或者没有最大化地发挥其应有价值。环境容易变成物品的堆积、各种家具的大杂烩、儿童在自由游戏时间把玩的材料，教师们花费了大量时间与精力，却忽略了审慎地思考。为了尽可能地符合各种标准与指导方针，我们的环境空间变得千篇一律，忘记了舒适和温暖是学习环境非常重要的因素（Curtis & Carter, 2003）。理想的环境应该是这样的：儿童全天都在学习，处处是儿童的发现，环境能够激发和培养儿童的好奇心和想象力。儿童在教室里所经历的一切，包括自由游戏，都是丰富且充满意义的。

　　环境对儿童来说非常重要，环境发挥着如教师一般的教育功能。阿尔伯特·爱因斯坦（Albert Einstein）曾经说过："游戏是研究的最高形式。"儿童在环境中所经历的多种选择、家具和设施的摆放与使用、物品材料的质量，还有教师如何利用环境，这一切都会对儿童及其家庭产生重要的影响。物质环境能让儿童感受到他们是否被接纳、他们的想法和兴趣是否被重视、他们是否安全，还有他们在这里的生活是否快乐和舒适。

　　物质环境可划分为材料、设计、户外等类别，尽管这些类别有时存在一定的重叠。当我们考虑物质环境时，最重要的一点就是思考环境中的每个要素是如何影响儿童的。不要简单地把环境视为儿童学习的场所，而应该把环境视为儿童学习的场所和对象。从场所到场所和对象的观念转变，能够确保你的教育改进方式是有助于提升教育质量的。


## 评估


　　在评价物质环境时，我们既要逐一审视环境的各个要素，也要整体地理解和重视环境的价值。因此，在分别谈论环境的不同组成要素的同时，我们也应当对这些要素进行整体思考。丽莲·凯兹（Lilian Katz, 1993）建议评价环境时采用多元的视角，考察环境不能仅仅只关注自上而下的视角，而更应该关注自下而上的视角，即儿童的视角。儿童在这个地方是否感受到被接纳？环境能否启发儿童思考他们是谁以及希望他们成为什么样子？环境是否有趣、安全并且具有激励性？在这个地方，儿童是否会张开臂膀准备好迎接他们的生活？

　　为了更好地理解儿童视角，我们可以真正走进教室，坐在或者躺在地上

（如果因为地板很脏而导致你不想这样做，这需要引起你的反思），然后让自己的眼睛保持和儿童一样的高度，环顾四周。用环视的方式和自上而下、自下而上的视角，一起来考察之前提到的环境的各个类别——材料、设计和户外。

# 材料

材料种类繁多，很难进行明确具体的描述。城市里一个理想的 2 岁班级环境和农村里一个理想的 5 岁班级环境会有很大的不同。虽然实际的材料千差万别，但班级中材料投放的目标和意图应当具有共性。

在考虑材料时，我们应当先回答以下 3 个问题。

- 材料是否支持适宜年龄特点的儿童发展？
- 材料能否支持儿童各领域的发展（认知、学习品质、情绪情感、社会性和身体健康）？
- 是否有一些开放性的材料，使儿童能通过材料产生超乎成人想象的发现和创造，而非所有材料都只有一种预设用途？是否有一些材料是儿童熟悉的、能引起他们回忆的、对他们而言是有切实意义的？

我们的目标就是能够确切地回答所有这些问题。同样，还有一些因素需要被纳入进来。

- 材料是否安全并且容易清洗？
- 材料是否方便儿童操作？
- 儿童是否可以独立操作和使用材料，而不需要依赖成人的帮助？
- 材料是否足够丰富多样，能够满足儿童的需要，为他们的学习提供支架？
- 在选择材料时，是否将支持儿童成为有能力的学习者作为首要目标？
- 是否有一套整理材料的方法？
- 材料是否体现多样化——文化差异、性别差异和能力水平差异？
- 材料是否能够激发儿童的多感官学习？
- 是否有足够的材料创造多样性，激发新的兴趣，并且避免不必要的冲突？

显然，如果你之前在准备材料时，只是认为某些材料看起来精致有趣就买回来，或者只是接受捐赠而没有及时补充更新，又或者根本没有考虑目标的多样性而有目的地选择材料，那么以上这些问题就能为你呈现一个全新的视角。花钱并不是解决以上问题的唯一途径。在幼儿园的班级中，一些日常随处可见的胶带卷、布条、卫生纸筒和那些昂贵的玩具相比，同样能够完成以上问题涉及的目标。

让我们来看一看关于材料方面的相关标准，以帮助我们进一步理解第三方质量认证体系提出的目标。

NAEYC 2.G.01 为婴儿和学步儿提供各种各样的机会和材料，让他们能够调动多种感官感知环境中的事物，能发现自己可以改变环境，并且能够解决简单的问题（NAEYC，2005c，24）。

ECERS-R 8：大肌肉运动 /5.2 器械能够促进儿童多种大肌肉动作技能的发展。

ECERS-R 19：精细运动 /5.1 儿童在一日生活中可以使用很多材料发展精细动作（Harms，Clifford & Cryer，2005, 39）。

NECPA 71：定期为儿童提供适宜年龄特点的非结构化材料（如积木、盒子、颜料、橡皮泥等）和具体形象的玩具材料（如小汽车、布娃娃、小动物、餐具等）（National Early Childhood Program Accreditation Commission, 1994, 119）。

如果你在选择材料（无论是室内材料还是户外材料）时，都能考虑到以上因素，那么你将很容易达到标准。每一个第三方质量认证体系都会有关于室内外材料投放的准则，在思考材料投放问题时可以参照这些准则。当然，如果你想先从初步的自查表开始，可以参看附录C的"物质环境检查表"。

## 设计

教室的设计包括材料、家具、固定装置的空间布局，声音和光线营造的氛围，还有教室内的装饰。

## 空间布局

我们对空间布局的重视还不够。大多数幼教机构可能在空间上都存在不足，可能是教室空间的格局不够理想或者没有储藏室，也可能是教室里几乎没有自然光或盥洗室是沿着走廊设计的。然而，我们有责任为儿童创设一个像家又不是家的空间环境，一个很舒适并且能够激励儿童成长的环境。空间布局既包括相对固定不变的硬件设施，也包括一些可以移动的物件，如架子和地毯。

大多数情况下，我们不能经常进行硬件设施的改造（除非你有装修改造的经费预算），但是通过移动物件而改变空间布局还是相对容易的。布局的改变会对儿童的性情、行为和探究欲都产生意想不到的影响。你可能不想每周五改变空间布局，但有必要调整改变空间布局，以确保达到最适宜儿童发展的状态，并且对教室进行必要的改造或增加多样性。

明确教室布局的结构可以帮助我们决定什么东西放在哪里，并且了解为什么放在那里。通常，我们会看到幼教机构的教室里设计了很多学习区（learning centers）或者自由活动区（interest areas）。无论是否有正式的标签，明确这些区域的位置以及每个区域的主要特点和目标（如活动类型和发展的技能），需要我们认真地考虑如何安排班级的空间布局。

### 学习区 / 自由活动区

对于不同年龄段的儿童，班级中会有各种各样的学习区或自由活动区。每个班级中并没有一成不变、能简单判定对错的学习区或自由活动区。没有人会说："嘿，你们这里没有标出数学区，我们要把你的机构关停。"同样，关于区域的名称，也没有统一的要求，更没有这些名称比那些名称更好的说法。例如，娃娃家或家居馆是适宜的名称，如果定位为表演游戏区，那么儿童的探索范围就能突破家庭生活的范围。虽然没有硬性统一的要求，但是我们要思考在区角中能为儿童提供什么样的机会和经验。

- 2岁班级：大肌肉动作区、精细动作区、读写区、感知觉区和音乐区（在2岁婴幼儿的班级中，这些区域是更聚焦化的，与通常所说的自由活动区存在不同）。

- 3岁班级：积木区、表演区、阅读区、艺术区、操作区、感知觉区、音乐区和动作发展区。
- 4~5岁班级：前书写区、阅读区、数学/益智区、科学区、积木区、艺术区、表演区、感知觉区、听力发展区和音乐区。

班级中的活动区可能比上述实例更加丰富。如果一个区域，儿童非常喜欢，而且能够从中获得发展，那么就值得保留，继续研究这个区域为儿童带来的创造性经验有哪些。同时，在班级的所有区域中，我们都应该让儿童有机会接触文字和图书。

我们要思考，在每一个区域中，儿童在与材料的互动中能够获得什么样的发展。明确了儿童在每个区域中的学习和技能发展，也就实现了环境作为"第三个教育者"的作用。

下列表格列举了一些适合儿童的学习区以及安排要点。

**表 7-1　学习区安排要点**

| 学习区 | 特点 | 发展目标／技能练习 | 所需材料（举例） |
|---|---|---|---|
| 阅读区／读写区 | 安静、铺有地毯、温馨、环境空间舒适 | 语音意识、故事预测、排图讲述、故事组成要素、印刷品相关概念、文字理解等 | 图书（非故事类、故事类、大书），杂志，写字板，句式条，字母磁力贴，靠枕，创编故事所需的材料 |
| 积木区／建构区 | 嘈杂、铺有地毯、有足够宽敞的安全空间 | 因果推理、问题解决、平衡、尺寸／形状、模式、空间方位意识、几何学等 | 不同大小、形状的木质积木，泡沫积木，地毯，地图，铅笔，纸张，人和动物的模型，直尺，卷尺 |
| 科学区 | 安静、足够2~3名儿童游戏、靠近窗户、可以在地板上游戏、靠近水池 | 预测、因果推理、物理特性、观察能力、分类、测量、比较／对比等 | 滴管、水、棉花球、不同形状和大小的贝壳、放大镜、松果、彩色树叶、羽毛 |

理解区域的特点和目标对于教师来说非常重要。上述表格可以帮助教师、助教和管理者明确如何安排班级的区域空间，进一步理解每一个区域特点和教育目标。

## 氛围

氛围是环境中非常关键的一个要素，但却很难说清楚。当我们通过感官来检视周围的环境时，氛围就会被察觉。教室里的光是照明荧光还是自然光？房间里有什么气味（我们知道，这真的很重要）？我们听到了什么样的声音？是轻音乐还是儿童的笑声？必须大声说话、喊叫才能让对方听清？你有没有看到柔软的元素和温馨的空间？氛围会影响我们的感知觉和心情，是物质环境中非常重要的一个因素。

## 装饰

所有教师都喜欢装饰环境，而且这也是他们的工作职责。教室就是教师施展才艺的地方。教师通常会为他们自己创造和提供给儿童的环境感到骄傲。值得注意的是，教室并不是展览厅，所有的装饰都应该是有目的且有意义的。儿童可能会因为看到一张卡通人物的海报而感到开心，但需要思考的是，这张海报能让儿童学到什么呢？同样，情人节的心形手印画很漂亮，但儿童有没有获得有意义的学习经验呢？上述例子并不一定是不好的，但作为教师不得不在有限的资源中做选择，利用空间展示儿童的蜡笔涂鸦画、纸张粘贴作品、偶然发现的自然艺术品。

教室是为儿童设计的，应该让儿童感受到舒适、安全、被接纳、有归属感。班级环境应该传递这样一种信息：儿童属于这里，儿童是这里的主人。更进一步来说，这个班级只属于特定时期这个班级的特定儿童群体。在这个时期，班级儿童在这里会受到照顾。除此之外，班级环境应该对儿童有吸引力。每一个个体都会受到审美、气味、声音等因素的影响，因此我们一定要关注班级环境如何影响人的感官体验。我们在一个环境中待的时间越长，感官就越不敏感（我们都知道，房间里的尿布味道会随着时间慢慢减弱，但如果你刚刚走进一个充满了尿布气味的房间，感觉会很糟糕）。儿童和成人都会通过感官受到环境的影响，但是儿童往往还不能用语言清晰地表达自己的需求。在一个嘈杂的教室里待上 10 个小时，这里有儿童的哭声、音乐声、教师的讲话声、耀眼的灯光，还有颜色、形状等各种标签。这让人觉得很累。

# 户外

　　户外环境虽然没有墙面，但并不代表户外就不重要，也不能因为户外有更加开阔的空间，就一味地让儿童转圈跑步。当然，在户外自然环境中奔跑是有价值的，儿童需要开放的、不受限制的自由时间。儿童在户外只需要教师的少许支持，就能获得一些令人振奋的、有价值的学习经验。例如，打击乐器的声音在户外环境里听起来会不一样；用泥土、草、沙或木屑进行搭建，和建造一个由积木构成的城市景观相比，会给儿童带来新的挑战；画架上作画的主题可能有很大的不同；高跟鞋在混凝土上发出的声音与在油毡上发出的声音不同；栅栏可以作为鲜艳丝带的织布机。之前提到的所有室内物质环境要求都可以应用到室外空间。

　　不需要把户外界定为学习区，但有目的地选择材料也很重要。室外区域的创设会有其独特的审美，但无论是对于感官而言，还是出于对户外环境的重视，确保玩具的有序摆放和空间的整洁是非常重要的。为了确保你的幼教机构中户外空间得到优化利用，可以思考以下这些问题。

　　• 教师是否与儿童在操场上互动？

　　• 教师是否每周都做户外游戏活动计划？

　　• 是否有一些适合在户外使用的材料，无论它们是存在车上、盒子里还是在室外？

　　• 有没有家园合作的一些基本要求，便于儿童进行户外活动，例如，你是否要求儿童每天都穿适合运动的鞋或者每天穿适合不同天气的衣服，等等？

　　对于这些问题的思考将确保户外环境对儿童来说是一个有价值的学习环境。

## 硬件设施

有关物质环境的标准也会用于评估整家幼教机构的硬件设施。从灭火器到磨损的地毯，保证整体建筑的安全是非常重要的。作为教育工作者，我们关注的重点往往是课堂和教育。然而，如果我们不把硬件设施维护好，那么我们在教室里所做的事情就不再重要了。如果幼教机构没有达到硬件设施的标准，儿童没有足够的饮用水，卫生条件不达标或者室外区域有危险的植物，那么我们就没有办法做正确的事情。因此，在理解这些标准时，我们不要忽视它们的重要性。

## 教师和环境

最终，重要的是评估教师如何与环境互动、如何利用环境。

- 他们是否理解环境的作用？
- 他们是否有目的地丰富教室环境？
- 他们有没有确保环境中的材料是方便易取的并且能够培养儿童的学习品质，如坚持性和自我调控？
- 他们是否通过现有的材料为儿童的学习（建立在原有知识经验的基础上）搭建脚手架？
- 他们是否促进儿童所有学习领域的能力发展？

正如全美幼教协会所要求的，"认真的教育者要能不断地设计和重新设计他们的环境空间，以支持儿童的发展"（NAEYC, 2005d, 41）。如果教师对于上述问题能做出肯定的回答，那么本章讨论的所有关于环境的要素都将发挥积极的作用。对这些教师来说，一个盒子不仅仅是一个盒子，它是一架宇宙飞船或一间老鼠的房子，抑或是一个机器人的脑袋；一间教室不仅仅是一间教室，它是一个充满神奇和魔幻色彩的地方，是一个促进发现和成长的地方、一间博物馆或科学实验室。

# 实施

定义内容很重要，理解标准并且检验、适应标准同样重要。以下是一些关于物质环境的具体做法，可以帮助你和幼教机构员工一起优化环境，达到标准。目标不仅是通过认证，而是改变我们对于幼教机构环境的认识、视角和思考方式。有些做法可以全体推进，有些做法可以由某名教师或者某些小组单独采用，但绝对不是要求你采用以下所有的做法，而是要选择对于你所在的幼教机构来说最适合的做法。

## 行动建议　优化环境

### 物质环境

#### 整间教室

帮助教师认真地思考，明确家具摆放和学习环境创设的理由。

- 在不同规格的大纸上把每个房间的布局画下来（也可以用图纸），包括一些永久性的硬件设施，如盥洗室的位置、窗户和门的位置。
- 在图纸上用小形状代表教室里的家具，如小地垫、架子、椅子、桌子、画架、厨房等。
- 给每个班级的教师留出设计自己班级的时间，需要注意的是，要了解哪些区域声音比较大、哪些区域比较安静、哪些区域需要靠近窗户以及哪些区域需要靠近水槽等。
- 当班级教师完成了教室环境的创设，让他们解释一下为什么要这样设计，从而确保他们的设计是有思考和有目的的。

#### 儿童视角

以儿童视角检视班级环境。思考儿童是如何通过他们的眼睛看待班级环境的，确保班级环境能够满足儿童的需要。

- 让教师做一个列表，列表中的内容是儿童每天在班级中看到的事物，包括艺术材料、展览作品等。

- 让教师坐到地板上，不要抬头或抬高视线，记录自己所看到的事物，整理成列表。
- 比较这两张列表。
- 讨论一下，他们认为儿童能看到的事物是否就是他们坐在地上真正看到的事物。
- 通过讨论，调整行动方案。

### 你看到了什么？

- 在每个班级中拍摄两组照片，一组是站着（成人视角）拍摄的，另一组是坐着（儿童视角）拍摄的。
- 让教师们对比这两组照片，然后根据他们的发现调整行动方案。

### 感官

通过感官评估物质环境。

- 把各种感觉（味觉、触觉、听觉、嗅觉和视觉）体会列在一张白纸上。
- 在每张纸的中间画一条线，分别用加号（＋）和减号（－）标记左右两列。
- 要求教师列出班级中哪些物品对感官产生了积极影响（如轻音乐、布织枕头等），填在加号一列；哪些物品对感官产生了消极影响（如难闻的气味、接触到纸的边缘有黏性等），填在减号一列。
- 创建列表之后，针对减号一列的事项，利用"头脑风暴"的方式，形成解决方案。

### 关于感官的小组讨论

了解物质环境对感官产生的影响。

- 拿出笔和索引卡片。
- 要求教师写下他们最喜欢去的地方，并且让他们用感官体验来形容这些地方。（通常教师会非常详细地描述自己的所见、所闻、所听、所尝和所触，或最喜欢的地方如何影响了自己感官，如"我喜欢海滩，因为我喜欢太阳照在脸上的感觉，喜欢听海浪拍打沙滩的声音"。）
- 讨论吸引感官的重要性。

### 传递的信息

评估无意中通过物质环境传递的信息。

- 用图纸单独标记以下场景：夜间俱乐部、博物馆、温泉浴场、生日聚会。

- 询问教师每个场景的环境应该传递什么样的信息，如夜间俱乐部——兴奋、精力充沛；温泉浴场——放松、舒缓。让教师列出他们希望在每个场景中看到的事物，因为这些事物有助于传达信息，如夜间俱乐部——灯光、音乐等。

- 教师完成所有列表后，提出一个新的列表，标记教室里的场景。

- 向他们提出同样的问题——这个环境应该传递什么样的信息？（答案应该是儿童属于这里，儿童感受到自己是有价值的，这里感觉像家，这里很有趣。）让他们列出如果要传递这样的信息，儿童希望看到什么。

- 询问教师，他们的教室是否传递了这些信息。如果没有，制订行动改进方案。

### 评估活动材料

帮助教师思考班级中的材料给儿童提供了什么样的学习机会。

- 让教师在纸的左边（提前标记）记录下在班级的一个学习区中有哪些材料，在右边写下儿童可以从这些材料中学到什么。由于很多材料是开放式的，所以他们可能无法列出所有潜在的学习机会。

- 完成一个区域的材料列表后，用同样的方式评估其他区域的材料。

### 基于标准的评估

讨论和分析评估标准应该是集体参与性的活动，而不是一对一进行的活动。

- 把关于物质环境的评价标准复制多份并发给教师。

- 把教师们分成若干小组，一个小组分配一组标准（一次最多 3~4 项标准）。

- 要求他们积极思考如何达到这些标准。

- 15 分钟后重新分组，要求小组成员之间分享各自的想法和观点，确保在必要时增加或者改变一些论点。

NACE11：材料、活动和互动有助于促进儿童自尊的发展。

- 成人和儿童懂得倾听并积极地回应他人。
- 在积极互动中使用儿童的姓名。
- 材料要便于儿童拿取使用。
- 在大多数时间要让儿童体验到成功。
- 儿童的艺术作品应该展示在与儿童视线相同高度的位置上（NAEYC，2007）。

教师可以在集体活动中发展儿童的倾听能力。确保一半或更多的作品展示在儿童的视线水平上。不要使用昵称或者"亲爱的"来称呼儿童，更多地称呼儿童的姓名。把玩具从高处的物品架上取下来，放在儿童可以拿取的物品架上。

### 游戏

理解游戏的价值、目标以及儿童主导学习过程的重要性。

- 收集各种开放性的材料，如自然物、可回收的物品等。诸如管道清洁剂的空瓶、泡沫花生、塑料瓶盖、棋子、扎带、塑料盖子和锡纸也都是可以的。
- 将教师划分为 3~4 个小组，分别玩这些材料。每组至少玩 15 分钟，不给出玩法提示。
- 让各组成员告诉别人他是怎么玩的。
- 给各组一点儿时间，把他们在游戏中运用到的技能做成列表，如问题解决、创造性、空间意识、试错、协商等。
- 将这些技能与在课堂上使用的评估标准或与学习标准进行比较。在大多数情况下，你会发现在这 15 分钟内，教师们运用了许多重要的学习技能。

### 户外挑战

收集关于户外活动的独特想法。

- 向每名教师提出挑战，了解如何创造性地使用户外区域材料。
- 请他们记录儿童是如何使用这些材料的。
- 在全体教师会上分享发现。

### 互评教室

让教师运用自己的专业知识，从一个新的视角查看班级环境。把教师们分到不同的班级，相互评价班级环境。

- 使用评价标准或自己制订的清单。
- 要求教师在有儿童和没有儿童两种场景下评价教室环境。
- 在分享评价结果之前，提醒教师们注意表述应该是有建设性的和开放性的。（这样的活动，适用于很多主题或问题。）

### 道具箱

创设一个可以用于增进学习区趣味性的道具箱，为儿童提供新的学习和发现机会。

- 和教师们一起，提供一些增进趣味性的创意学习区，如办公室、美容院、宠物店，这些创意学习区大多和角色游戏有关；也可以考虑其他区域，如积木区（空间、旅行），然后从一些想法出发进行尝试。
- 不同的班级儿童可以有不同的想法，也可以要求教师们增加道具箱里的物品。
- 有了想法以后，应该和幼儿园的管理者、家长进行沟通，家长可能会捐赠一些游戏所需的物品，这也是让家长和社区参与幼儿园活动的一种方式。

### 检查单

大家都喜欢使用检查单。使用第三方质量认证体系的标准和幼教机构自己研制的标准，创建简短而有针对性的检查单，可以帮助教师们定期对物质环境进行评价。

物质环境是每名教师触手可及的。以第三方质量认证体系为指南，要求教师认识到这一点并不断努力地为儿童创造一个最佳的学习和成长环境。可以使用附录 C 中的"标准评估表"作为起点。

**阳光儿童发展中心**

从前，阳光儿童发展中心的教师们认为，评估教室后最重要的成果是得到一个"购物清单"，知道需要添置哪些东西。然而，他们在接受质量认证过程中学到的是如何利用好环境，让环境成为另一名"教师"。教室评估具有启发性，教师们也通过参与教职员会议收获了新的见解。改变教室布局，或者增加与主题相关的新材料从而丰富区域学习内容，这些影响的重要性超过他们的想象。了解更多有关儿童如何从材料和环境中学习知识，可以帮助教师更加适宜地规划和布置教室。现在，他们在列"购物清单"时，会更加深思熟虑。

# 第八章 健康与安全

**阳光儿童发展中心**

马撒和教师们准备通过美国认证协会关于健康与安全的自我评价。马撒把健康与安全的标准拿给几名骨干教师看，指导他们对照指标设计自己班级的健康与安全列表。除此之外，马撒还让乔治娅学习美国认证协会健康与安全的标准，还让她审查机构改进计划中健康与安全的内容。通过这些任务的分配，马撒确保机构中的重要人员掌握健康与安全的标准，并最终能带领其他教师进行学习。

## 定义

幼教机构中的健康与安全通常是指那些与儿童、家庭和幼教机构人员相关的，在健康与安全方面的政策、程序和行为，包括营养与健康、室内外的运动器械等。

全美幼教协会关于健康与安全的标准是这样论述的：

"为了能够在教育中获得发展，并且保证生活质量，儿童需要努力保有健康的体魄。健康是指身体、语言、精神、社会发展等全面的良好状态，而不仅仅是免于疾病和虚弱（WHO, 1948）。儿童需要依赖成人帮助他们做出正确的选择，或者教会他们做出正确的选择。尽管一定程度的冒险对于学习来说是可取的，但是高质量的幼教机构还是会尽可能地避免在环境中存在的潜在危险，因为那些潜在危险会对儿童、教职员、家庭或者社区造成不良后果。"
（NAEYC, 2005b, 10）

# 重要性

健康与安全通常被认为是高质量幼教机构的基础，这也是为什么所有的国家许可管理都非常重视这一点的原因。如果幼教机构不能保证儿童的健康与安全，那么其他所有的教育目标都无从谈起。在大多数情况下，各州许可的健康与安全最低标准和第三方质量认证体系中的健康与安全要求存在明显的重叠。两者之间的主要区别在于标准的具体描述以及幼教机构执行的深度和广度上。例如，州政府许可管理可能要求幼教机构实施日常户外器械的维修和安全检查并做好日志记录，而第三方质量认证体系可能会要求有一份详细的操场全年安全审计报告，如美国认证协会的健康与安全标准要求。

在保教领域，人们普遍认识到，高质量的健康与安全标准对儿童的发展至关重要。一个安全、健康的环境可以让儿童健康学习、探索和成长。健康与安全不仅包括预防感冒和在一天结束时进行清扫整理，而且包括给儿童创设一种具有安全感、可预测性的氛围以及在成人的帮助下可以认识世界。儿童通常要在远离家庭的幼教机构中待好几个小时，因此很多时候会把幼教机构看作第二个家。考虑到这一点，教师就要让儿童相信，幼教机构提供给他们的和他们在家里拥有的一样好，甚至比家里更好。

这些环境必须保护儿童免受所有可能的伤害，包括被虐待、受冷落、疾病和环境危险。在幼教机构中，这些责任就落在了照顾儿童的成人身上。教师、管理者和其他后勤人员必须对与儿童健康与安全相关的影响因素有清楚的认识。你和教职员应当非常了解州政府许可的健康与安全标准以及你所期望达到的第三方质量认证体系标准。

每个人都应该清楚为什么要有这些标准。了解和理解"为什么"会让你的教职员看到高质量的健康与安全标准存在的价值，这将有助于确保大家遵循这些要求并且在实践中执行。

大家普遍认为（尽管并非准确），儿童在一个群体养育的环境中容易受到各种疾病的影响（就像你和其他很多人待在一个空间里），如感冒、感染、鼻窦炎、皮疹、咳嗽等。如果幼教机构不注重健康与安全，那么这种看法就会变成事实。经常感到有点不舒服的儿童往往不能够全身心地参与到活动中，这些儿童往往更黏人、易怒，在群体环境中通常会不快乐。其结果是，他们与其他儿童和教师的互动并没有促进其在认知、身体、语言、社会性或情感方面的适宜性发展。

可以理解，患病的儿童不太可能与他人（或玩具）一起玩耍，或参与到学习活动中。他们不太可能在外面跑来跑去、玩游戏、爬山、骑自行车，或者和其他儿童一起玩耍。他们可能看起来很孤僻、不愿合作、昏昏欲睡，因此也会错过很多有利于自身整体发展和身体健康的有趣活动。虽然短期疾病并不一定会永久地影响儿童的发展，但是持续的疾病会导致一系列的习得行为的发生，这些行为会阻碍儿童成为成功和独立的个体，这也是幼教机构重视健康与安全的重要原因。

让我们全面了解一下你的幼教机构中与健康和安全相关的要素，包括清洁卫生、物质环境、健康和安全措施、营养和监督管理。另外，我们需要了解这些因素为什么对儿童发展很重要。

## 清洁卫生

早期看护中心和幼教机构，无论是机构式的还是家庭式的，都是非常繁忙的地方。保持环境干净卫生是一种持续性的挑战。生活在不干净和混乱环境中的儿童更容易生病，因为病毒和细菌在这种环境中会激增。年幼的儿童并不会在意他们的环境是否整洁，他们很有可能会跨过一堆杂物而不去清理它们。这是意料之中的事，因为儿童还没有深刻了解到保持环境干净整洁的价值，然而成人是知道的，所以这一责任就落在你和教职员身上。一间混乱肮脏的教室会给每个人带来危险。传染病、绊倒、窒息、中毒或严重的伤害都有可能发生。这不仅会影响儿童，还会影响他们的家庭和你的教职员。

即使你的教职员没有接受过培训，也不擅长诊断健康问题，但他们至少可以提供一个清洁的环境，将以上风险降至最低。制订一个持续性的定期清洁计划，设计每日、每周和每月的任务，然后完成这个任务。无论是对教师、后勤员工，还是外来人员来说，保持清洁都非常重要。许多质量认证机构和第三方质量认证体系详细地描述了各自的要求，如全美幼教协会将环境的清洁作为健康与安全标准之一，放在自我评价工具包中；美国认证协会在其网站上提供大量有关健康与安全的信息。这些具体的描述有助于你评价和调整幼教机构的整体清洁程度。

## 物质环境

每天早上，儿童进入幼教机构，就进入了我们为其准备的空间。这是儿童的世界，所有的物质环境和儿童在一起，这里应该是最安全的地方。墙壁、窗户、家具、设备、玩具、出口、坠落区域、浴室和地板覆盖物都是物质环境的一部分。教师必须注意这些区域可能造成的任何危险，如绊倒或窒息、被划伤或割伤、摄入不安全的液体等。儿童每天都与周围的环境不断互动，并很快学会如何应对。一个不安全甚至危险的环境会影响儿童的行为，让他们对其中的暗示做出反应。如果儿童经常玩的是破损的玩具，那么他们就没法学会如何保护和尊重事物。如果没有合适和安全的家具和设备，那么他们可能会习得一些不安全的行为，如通过攀爬来获取物品。如果在环境中有曾经导致伤害或窒息的物品，那么儿童将对周围环境产生不安全感。这些危险或风险以微妙的方式告诉儿童，他们生活的世界不是一个安全的地方，这会阻碍他们的发展和学习。

## 健康与安全措施

提供一个清洁的环境只是高质量幼教的起点，促进健康与安全措施被实施才是取得成功的关键要素。当这些措施到位后，儿童将学到宝贵的技能，这些技能超越机构教育，成为儿童日后拥有健康和安全的基础。

你的幼教机构应该通过教职员的榜样示范，引导儿童在日常生活中学习如何保持健康与安全，如在游戏后清理教室、保护好玩具和家具、在适宜的时间盥洗、保持良好的如厕习惯、及时进行清理、正确应对一些意外情况以及友好地对待他人，这些都有助于儿童学会如何在这个世界上安全地生活。如果儿童没有在日常生活中获得对这些技能的学习和实践机会，那么他们就不可能成为有能力和独立的个体，甚至在成年以后仍然不能照顾自己和他人。更广泛、更长远的教育目标应该是鼓励儿童学会自力更生和自我照顾，培养他们成为健康、负责任、有爱心的人。

# 营养

许多儿童每天要在幼教机构待 8 个多小时，很少在家里吃饭。有时家长会准备食物，有时看护人员会准备食物。无论哪种情况，都必须满足儿童的营养需求，以促进儿童生长发育。

幼教机构必须为儿童提供良好的营养，并对家庭和儿童开展营养教育。在这种情况下，预防胜于治疗。为儿童提供方法和信息，引导他们自己做出更好的选择是非常必要的。看护者能够对儿童产生积极重要的影响，看护者教育儿童关注并理解自己身体发出的信号，并且让儿童说出好食物和坏食物的差别。当看护者是儿童的正面榜样时，他们更有可能为自己选择适当的食物。这种积极的模式也增强了儿童对看护者的信任程度，使其更有可能向身边的成人学习。

# 监督管理

儿童是探险家和冒险家，周围世界对他们而言是一个不断发现新事物和充满好奇的地方。儿童对危险的理解与成人大不相同。监管不仅是数儿童人数，而且包括保护他们的安全，让他们远离伤害，随时知道他们在哪里，确保他们的需要得到关注以及支持他们进行探索。当儿童在家庭之外的地方时，家长会期望儿童得到充分的监管，这也是养育看护的基础。所有州的认证管理机构都规定了最高的师幼比。作为认证管理的一部分，第三方质量认证体系不仅对师幼比有要求，而且通常会建议降低这一比率，原因是每个年龄组的监管工作需要优化。

在儿童的世界里，成人的监管让他们有了安全感。它告诉儿童一切都很好，他们可以相信周围的环境是安全的，是可以去探索和学习的。即使当意外发生（如被绊倒或摔倒）时，有成人在场会向儿童发出一个明确的信息：他们将得到照顾和帮助。当儿童生活环境中的成人能一如既往地支持他们、关注他们、对他们提出挑战并安慰他们时，儿童就会变得自信和独立。当一名成人可以满足儿童的需求时，世界就不那么可怕了。

因此，教师和看护者必须明白，监管不仅仅是了解师幼比并随时知道有多少儿童，还要理解在他们的幼教机构中，什么才是真正适宜的监管。教师们需要让儿童参与进来，建立信任，鼓励他们敢于探索外部世界。对一些儿童来说，集体生活是不容易的。他们必须发展一些技巧，适应家庭以外的生活节奏和空间。教师提供的监管是非常重要的影响因素。

## 评估

现在，你应该更加理解了为什么健康与安全对于幼教机构中的儿童来说非常重要，现在让我们一起来了解幼教机构中健康与安全的基本要求。这些要求基于当前的教育理念，并且符合第三方质量认证体系的标准。除了教室里健康与安全的要求以外，标准还涉及健康与安全的管理，如设施的整体维护、文件要求、保险、应急和灾难准备，基本如下。

- 健康与安全的管理标准
- 设施维护
- 与健康与安全主题相关的员工培训
- 教室里的健康与安全（室内和室外）
- 药物
- 食品安全和营养

你可能会发现，自己不一定会完全按照标准的描述来实践，但是你需要把标准中的最佳实践行为当作目标来评估自己的行为。你可能会发现，通过其他略有不同的方式也可以达到目标。记住，这些最佳的实践行为并非是取代第三方质量认证体系描述的标准，而是帮助你开始学习和理解。你仍然需要通过相关文件来完成对第三方质量认证体系标准的学习。很多第三方质量认证体系关于健康与安全的标准都有非常详细而具体的阐述。即便没有具体论述，也会提及基本的认证条件和制度要求。无论是哪种情况，这些最佳实践的行为标准都能帮助你更好地理解对高质量幼教机构的相关要求。

### 健康与安全的管理标准

在本部分，我们将了解幼教机构健康与安全方面的基本要求，这些要求对于幼教机构的负责人来说，是促进健康与安全管理的准则。下列清单将帮助你了解什么样的行为是最佳的，同时也让你的幼教机构以这些行为为参照。你会发现，这些标准和你正在使用的第三方质量认证体系有很多的相似之处。下列清单并非要代替第三方质量认证体系的标准，而是让你明确在幼教机构中关于健康与安全的普适性要求。

## 行动 13　管理标准清单 ------------------------------------------------

### 安全措施

☐ 有一套安全出入设备系统，可以允许教师、家长和其他准入人员出入机构。

☐ 幼教机构对于家长接送儿童有非常详细的制度要求。

☐ 在制度完善的同时，引导教职员了解，在接送儿童时需确认接送人员的身份。

☐ 当不熟悉的人来接儿童时，教师务必确认其身份。

☐ 幼教机构要培训教职员，让他们知道当不能确认接送人身份时，自己应如何应对。

☐ 幼教机构应当有获得社区救助的紧急通道（如警察或救护车），以应对紧急情况的发生。

☐ 幼教机构有一套制度化的流程以应对环境灾害，如洪水、地震、龙卷风、飓风、火灾等。

☐ 教师每天都要记录每名儿童的出勤信息。

☐ 家长每天入园和离园时进行登记，以便记录儿童的出勤情况。

☐ 确保户外场地的安全。

### 办学许可要求

☐ 幼教机构有州政府主管部门批准的办学许可证。

☐ 幼教机构符合州政府主管部门的办学审批条件，满足其他监管机构的相关要求。

☐ 幼教机构通过了所有近期的上级检查。

☐ 根据主管部门和监管机构（如卫生保健部门）的要求，对每名儿童的情况进行书面记录。

☐ 在录用前，了解每名在幼教机构工作的人员的背景和工作经历，以符合州政府主管部门的要求。

☐ 对每名教职员进行考核记录，以符合主管部门和其他监管机构的要求。

☐ 幼教机构的师幼比和人员数量要符合监管部门的规定。

☐ 幼教机构要有一套发展规划，不断反思其办学的教育理念。

☐ 幼教机构要有清晰的成文制度，包含以下内容。

- 不歧视

- 儿童指导

- 员工培训和职后教育

- 药物分发

- 应急计划和医疗应急程序

- 交通规则和司机准则

- 预防虐待和忽视儿童的培训

### 入园注册程序

☐ 家长能够看到幼教机构关于健康与安全方面的书面资料。

☐ 家长在决定儿童是否入园之前可以参观幼教机构。

☐ 幼教机构能够满足儿童的特殊需要，符合《美国残疾人保护法》（Americans with Disabilities Act of 1990）的相关规定。

☐ 幼教机构要求家长提供以下书面信息。

- 儿童的全名
- 儿童的家庭住址
- 儿童的第一看护人和第二看护人的姓名和身份
- 儿童的用药信息，以便幼教机构保障儿童的安全（如过敏、特殊饮食或身体需要）
- 儿童的疫苗接种记录
- 儿童的身体发育状况
- 医疗保健人员的姓名和联系方式

### 聘用程序

☐ 幼教机构要有明确的聘用制度。

☐ 幼教机构对于聘用教职员要有最低年龄和学历要求。

☐ 幼教机构在聘用教职员之前，要对教职员的资质证书进行审核。

☐ 幼教机构在聘用任何一个新员工之前，都要对其进行背景审查，以符合州政府主管部门的相关规定。

☐ 幼教机构在聘用教职员之前，要审查每个应聘者的推荐信。

☐ 幼教机构要求所有新教职员进行体检，以符合州政府主管部门的规定。

☐ 幼教机构要有清晰的书面培训方案，包括健康与安全方面的培训，为所有教职员做好上岗准备。

### 应急处理

☐ 幼教机构应有清晰明确的应急措施和用药制度。

☐ 幼教机构应当定期进行紧急灾害演习。

☐ 幼教机构要在所有的出口张贴疏散指示和标识。

☐ 在紧急疏散时，幼教机构要设置一个应急避难区。

☐ 幼教机构应该在每部电话上张贴紧急电话号码。

☐ 幼教机构要能够获得社区资源，为维护儿童的健康与安全提供额外的帮助，如当地卫生部门、抵制毒品滥用教育计划（D.A.R.E. program）等。

☐ 幼教机构要有书面制度来应对紧急情况的发生（如危险人员入侵、恶劣天气、意外伤害等）。

☐ 幼教机构要有充足的、至少维持 24 小时的应急装备，以防由于天气原因无法与外界取得联系。

☐ 幼教机构要有充足的援助物资，以防事故发生，并确保事故发生时能够及时根据需要进行补充。

☐ 教职员应参加过近期的儿童急救和心肺复苏培训。

☐ 幼教机构应根据空间大小配备充足的灭火器、烟雾警报器和一氧化碳探测器。

☐ 教职员应接受过使用灭火器和其他紧急设备的培训。

### 家园沟通和家长参与

☐ 儿童一旦登记入园，幼教机构要从家长那里了解儿童在饮食、身体发育、情绪方面的发展情况和需求。

☐ 邀请家长参加幼教机构组织的开放日活动，以便家长了解幼教机构是如何支持儿童健康发展的。

☐ 幼教机构面向家长开放，有利于其与家庭建立信任和包容的关系。

☐ 幼教机构向家长告知儿童在机构中的健康状况。

☐ 如果儿童发生疾病或意外事故，幼教机构向家长提供口头和书面报告。

☐ 幼教机构为家长提供关于儿童健康主题的培训和相关知识。

☐ 幼教机构联合学区和卫生部门为儿童提供健康检查。

## 设施维护

本部分，我们将了解幼教机构中安全设备维护的基本要求。下列清单将帮助你了解什么样的行为是最佳的，同时也可以让你的幼教机构以这些要求为参照。

你会发现，这些标准和你正在使用的第三方质量认证体系标准有很多的相似之处。下列清单并非要代替质量认证体系标准，而是让你明确在幼教机构中关于健康与安全的普适性要求。

## 行动14　设施维护清单

☐ 幼教机构应该有书面的设施设备维护方案，包括每日、每周、每月和每年的任务。

☐ 幼教机构每年要有设备维护预算。

☐ 幼教机构要有近期最新的设备维护记录。

☐ 应确保所有设施设备状况良好。

- 幼教机构的大楼是安全的。

- 所有的窗户和门是安全的，并且方便打开和关闭。

- 所有的墙体、大门、窗框、家具和设备、栅栏、游戏设施都没有裂痕或表皮脱落。

- 所有的固定装置应该是安全的，能正常运转。

- 定期检查应急灯，确保其始终处于正常工作状态。

- 定期检查烟雾探测器和一氧化碳探测器，确保其始终处于正常工作状态。

- 家具和设施的尺寸应该满足不同年龄段儿童的需要，并且及时维修。

- 大件家具或置物架应该是安全的或者固定在墙体上。

- 所有物体表面都没有碎片。

- 盥洗室保养良好，工作正常。

- 地板表面定期维护，没有缺陷。

- 厨房设备和电器整洁卫生，定期维护，处于正常工作状态。

- 空调和供暖设备安全，定期维护，处于正常工作状态。

- 儿童玩具状况良好，没有尖锐边缘、裂缝、碎片和使儿童窒息的危险。

- 储藏室正常可用。

☐ 幼教机构要使用安全的化学物质来进行害虫防治。

☐ 幼教机构要有一套常规的垃圾清理流程。

☐ 设施内的垃圾容器是安全、卫生的，装尿布的垃圾桶可以不用手直接操作。

☐ 垃圾箱不在儿童的接触范围内，并且有盖子，防止其他动物接触和传播垃圾。

☐ 幼教机构中要有方便取用的自来水，可以饮用、制作食物、洗手和清洁物品。

☐ 可用的热水要保持安全的温度，以防烫伤。

☐ 幼教机构要定期对自来水进行安全测试。

☐ 户外操场没有安全隐患。

- 游戏设施要符合国家最低安全许可要求。
- 跳跃区和攀爬区要符合国家最低安全许可要求。
- 每天在使用操场前都要进行例行检查，确保没有危险。

☐ 所有的骑行设备都处于良好的工作状态，并定期维护。

☐ 游戏区没有危险或有毒的植物。

☐ 花园应该维护良好，对儿童来说既有吸引力又安全。

☐ 幼教机构的工作人员应每天进行设备和户外区域检查，及时发现和清除危险。

☐ 儿童能随时喝到水。


## 健康与安全主题的员工培训

本部分，我们将了解幼教机构健康与安全培训的基本要求。下列清单将帮助你了解什么样的行为是最佳的，同时也让你的幼教机构以这些要求为参照。你会发现，这些标准和你正在使用的第三方质量认证体系的标准有很多的相似之处。下列清单并非要代替认证体系的标准，而是让你明确在幼教机构中关于健康与安全的普适性要求。

☐ 教职员应接受以下培训。

- 儿童急救和心肺复苏术
- 婴儿猝死综合征（SIDS）预防
- 通用／标准预防措施
- 清洁要求和常规流程
- 洗手程序
- 换尿布和洗漱程序
- 儿童虐待和忽视的预防和识别
- 应急处理流程
- 灾难演习
- 药物使用
- 医疗器械的使用
- 事故或疾病预防和记录
- 食品安全
- 儿童营养
- 安全搬运重物的方式
- 灭火器的使用
- 防晒安全及防晒霜的使用
- 环境中的安全隐患
- 儿童交通安全
- 考勤和监督管理
- 旅行安全
- 残疾人法案条例

☐ 幼教机构要保留近期针对教职员的培训记录。

☐ 幼教机构要定期对以下内容进行复训。

- 儿童急救和心肺复苏术
- 儿童虐待和忽视的预防和识别
- 通用／标准预防措施
- 防晒安全及防晒霜的使用
- 考勤和监督管理

• 应急处理流程

☐ 幼教机构要保留针对教职员和家长在健康与安全方面培训的书面记录。

### 教室里的健康与安全

本部分，我们将了解幼教机构中教室里的健康与安全的基本要求。下列清单将帮助你了解什么样的行为是最佳的，同时也可以让你的幼教机构以这些要求为参照。你会发现这些标准和你正在使用的第三方质量认证体系的标准有很多的相似之处。下列清单并非要代替认证体系的标准，而是让你明确在幼教机构中关于健康与安全的普适性要求。

## 行动 15　教室里的健康与安全清单 --------------------

☐ 每间教室都要有每日、每周和每月定期清洁卫生的流程。

☐ 儿童和教师要按照要求洗手。

☐ 教师要按要求给儿童更换尿布。

☐ 教室里应该是整洁卫生的。

☐ 所有的清洁剂及其他化学物品都不放在儿童的可接触范围内，要放在一个有锁的柜子里。

☐ 有可以洗手和饮用的自来水。

☐ 洗手和喝水的水龙头是分开的。

☐ 食物准备台和换尿布的地方至少距离两米，或用耐用的无孔分隔板分隔，防止交叉污染。

☐ 换尿布的区域、洗手间与游戏区的距离至少保持一米。

☐ 教师在制作和分发食物时，应戴好手套。

☐ 幼教机构要营造家庭用餐的氛围。

☐ 在每次用餐和点心时间，和儿童讨论食物的营养问题。

☐ 不将食物储存在教室里。

☐ 不将药物（除应急药物以外）储存在教室里。

☐ 对儿童发生的所有疾病、意外伤害和事故做好记录并告知家长。

☐ 生病的儿童在等待父母接走时，应与其他儿童隔离。

☐ 教职员在儿童早晨入园时，对其进行每日的视力检查和健康检查。

☐ 给儿童提供休息的时间。

☐ 为儿童提供清洁的午睡床垫。

☐ 对于床单、毯子、枕头、绒布玩具和其他可清洗的教室内用品，有固定的清洗时间（无论是在幼教机构还是在家里）。

☐ 家具摆放要便于照看儿童。

☐ 教师记录儿童的出勤情况。

☐ 教师把火灾和其他灾难演习写到教育计划中。

☐ 如果年龄适宜，教师鼓励儿童参与制订自己班级的安全规则。

☐ 教师不能对儿童实施体罚。

☐ 当儿童发生自我伤害或伤害他人行为时，教师要使用适宜的策略及时阻止并应对。

☐ 教职员每天要检查，发现安全隐患，如挂绳、磨损的地毯、过度使用的电源插座、暴露的电源插座以及破损的玩具等。

### 药物

本部分，我们将了解幼教机构中使用和存储药物的基本要求。下列清单将帮助你了解什么样的行为是最佳的，同时也可以让你的幼教机构以这些要求为参照。你会发现这些标准和你正在使用的第三方质量认证体系的标准有很多的相似之处。下列清单并非要代替认证体系的标准，而是让你明确在幼教机构中关于健康与安全的普适性要求。

## 行动 16　药物管理清单

☐ 关于紧急药物、处方药、非处方药和外用药物的使用，都有清晰的制度和明文规定。

☐ 用药规定要符合政策许可要求。

☐ 幼教机构要指定专门的教职员保管药物。

☐ 所有的教职员都要接受关于用药规定的培训。

☐ 所有的教职员都要接受急救处理和外用药使用的培训。

☐ 所有的教职员都要接受中毒后的急救处理培训。

### 食品安全和营养

本部分，我们将了解幼教机构食品安全和营养的基本要求。下列清单将帮助你了解什么样的行为是最佳的，同时也可以让你的幼教机构以这些要求为参照。你会发现这些标准和你正在使用的第三方质量认证体系的标准有很多的相似之处。下列清单并非要代替认证体系的标准，而是让你明确在幼教机构中关于健康与安全的普适性要求。

## 行动17　食品安全和营养清单 ----------------------------

☐ 幼教机构对于食品服务和家庭提供食物要有清晰的制度和明文规定。

☐ 家长可以了解幼教机构为儿童提供的午餐和点心食谱。

☐ 幼教机构要保留最近关于儿童食物过敏和饮食需要的记录。

☐ 为儿童提供食物的教职员要了解有关儿童食物过敏的相关信息。

☐ 对于儿童食物过敏和禁忌的相关信息，教师要有交接记录。

# 实施

让健康与安全的标准成为幼教机构常规的一部分，这对于幼教机构来说是至关重要的。

这些标准很可能就包括在州政府许可的最低标准中了，而你所在的幼教机构其实也已经在一定程度上执行了这些标准。需要进一步落实的是把州政府许可的最低标准和第三方质量认证体系中关于健康与安全的标准进行对照，不断完善有关健康与安全的实践行为。

## 行动18 质量标准的一对一比较

回顾州政府许可标准中关于健康与安全的内容，把它们列在表8-1的左边一栏，然后将第三方质量认证体系中关于健康与安全的标准列在右边一栏。

表8-1 质量标准的比较

| 州政府许可标准 | 第三方质量认证体系 |
| --- | --- |
| 健康与安全的管理标准 | 健康与安全的管理标准 |
| 设施维护 | 设施维护 |
| 健康与安全主题的员工培训 | 健康与安全主题的员工培训 |
| 教室里的健康与安全（室内和室外） | 教室里的健康与安全（室内和室外） |
| 药物 | 药物 |
| 食品安全和营养 | 食品安全和营养 |

比较表格中每个类别的标准，看看哪条更严格。标记出更严格的标准，然后将另一栏中的相应标准删除。如果两栏中的标准不相上下，那就继续按照要求执行。

把关于健康与安全的标准清单抄录到附录C的"健康与安全检查表"中。把表格复印件分发给你的教职员，作为对他们健康与安全知识与实践的初步考核标准。

### 阳光儿童发展中心

乔治娅一直与骨干教师密切合作，研究教室里的健康与安全标准。她对教师们表现出的热情感到兴奋，尤其是当玛格达和伊拉娜说她们从未意识到健康与安全原来涵盖那么多内容时。她们过去知道的只有洗手和保持适当的师幼比。啊，太棒了！学习正在发生。

# 第九章　教和学

**阳光儿童发展中心**

　　马撒看到幼教机构发生的改变，备受鼓舞。她对教职员进行不同主题的培训，让教职员将新的理念运用到实践中。她越来越对这件事充满热情和信心。她认为教职员们也会有同感。改变物质环境、更加关注健康与安全，这些都提升了幼教机构的质量，激发了教职员的参与积极性。

　　马撒开始计划对教和学做评估。教师们通常不太愿意接受教和学方面的反馈信息，因为这涉及他们个人所做的一些事情。教师面对大量教和学的评估标准，往往会不知所措。但是，马撒认为教和学对于质量提升非常重要，于是努力地引导大家达到标准。她计划从观察教师和个别反馈入手，帮助教师不断成长，确保为儿童提供最佳的学习经验。

## 定义

　　教和学是幼教机构的核心。高质量的教和学是幼教机构教育工作的最终目标。正因为如此，教和学成了一个包罗万象的主题。几乎所有的事情都可以归到教和学中，包括每天的活动、教师和儿童之间的互动、使用的教学方法和策略、提供的课程、实施课程的方式以及一日生活安排等。

　　教是促进儿童技能发展和知识获得的一门艺术。在幼年，儿童每天都有很多新发现，教师的主要作用是让学习变得有意义，帮助儿童建构知识经验。此外，教师还必须了解班级中每名儿童的不同发展需要，并且为每名儿童提供学习机会，满足其发展需要。

　　学是课程设计和课程实施的总和。正如前面提到的，课程可以是预设的，也可以是生成的。课程设计和实施是高质量幼教的重要组成部分（NAEYC，2005a，57）。

使用陈旧落后的课程显然是不行的。虽然第三方质量认证体系并不认可特定的课程，但你的幼教机构使用的课程必须包含某些特征，以确保它是符合发展适宜性要求的。课程基础包括两方面：一是建构主义理念，它强调儿童根据自己的经验建构知识和理解世界；二是对游戏活动的重视，游戏是学习的催化剂。课程是非常复杂的。全美幼教协会的新标准中包括11个主题领域和88个课程基础标准，《环境评价量表》则有100多条指标是关于教和学的。

虽然整本书都与"教和学"主题有关，但我们打算把这些内容浓缩成一章，强调教和学如何交互作用并对幼教机构中的儿童产生影响，而不只是关注教和学如何独立存在。

# 教和学的组成要素

我们需要强调什么是教与学的组成部分。因为早期教育有自己的话语体系，所以早期教育术语和其他教育阶段术语有些许差别。更好地理解术语本身，可以影响课堂上开展的教与学活动。针对早期教育的教和学，这些术语给出了详细定义。

## 课程

课程通常是围绕学习目标而展开的、预先设计的一系列学习活动。在早期教育中，课程的含义更为广泛，它包括儿童的自主发现和儿童在教师指导下的发现与认识。它可以是自发的，也可以是预设的。重要的是，教师能够把教育目标和发展指标放在心中，从而确保为儿童提供的机会和经验是与目标相关的，是促进儿童适宜发展的。在一些关于课程标准的讨论中，一些人认为，标准使得课堂教学过于照本宣科；另一些人则认为，如果没有标准化，那么难以确保儿童达到早期学习的标准和发展目标。无论你赞同哪种观点，通过第三方质量认证的过程都能让你的幼教机构中的儿童获得符合这些标准的课程经验。

## 评价

虽然我们会在第十章专门讨论评价，但在此也不能忽略。评价是一项持续性的实践工作，目的是确保随着时间的推移，教师能及时了解儿童的成长和发展情况，据此制订课程计划。评价和教学是相互依存的关系。只注重其中某一方面，幼教机构不可能达到最佳状态。

## 教学方法

教学方法包括向学习者传授知识和技能的多种方法。教师把材料放在桌子上，让儿童自己选择使用方式，这是一种教学方法。教师把一组儿童（而不是一大群或单个儿童）聚集在感官桌旁，这是另一种教学方法。无论教师使用什么手段来传递信息或支持儿童技能发展，它都可以被认为是一种教学方法。

## 师幼互动

教师和儿童之间的互动是区分幼教机构质量高低的重要因素。师幼互动的性质很重要，教师引导互动的方式同样重要。例如，一名教师在建构区问儿童："你在搭建一座塔吗？"这样的问题会得到"是"或"否"的回答。另一名教师在建构区问儿童："告诉我，你搭建的是什么呢？"显然，后面的问题更能鼓励儿童思考，让他们清晰地表达自己的观点。类似这样的互动是有意义的，会对儿童的学习产生显著影响。

## 学习领域

儿童参与的活动和获得的技能和知识可分为不同的学习领域。在本书中，我们采用以下划分方式。

- 社会性：儿童交往并与他人建立关系的方式。
- 情感：儿童情绪管理，包括自我概念和共情。
- 身体：大肌肉、小肌肉动作技能发展，包括平衡能力和手眼协调。

• 认知：心智技能，包括语言发展、数学应用、推理能力等。

• 学习品质：儿童在学习活动中的感受和学习方法，例如，他们是否具有坚持性？他们是否能保持对学习的兴趣？他们的学习方法是否灵活？

对这些领域的均衡关注，有助于促进儿童的全面发展。

## 教育目标

儿童在每个阶段都有发展目标和步骤，重要的是达到上一阶段的目标后才能进入下一阶段。每名儿童都将以自己的方式和节奏练习和掌握发展目标涉及的技能。

## 发展里程碑

这是指儿童成长和发展所获得的成就感，也是教育目标的组成部分。例如，一名婴儿突然能爬行了，这对于他来说就是发展里程碑，同时这也是儿童大肌肉动作协调发展的教育目标之一。

## 过程／作品

这些术语通常适用于儿童艺术教育，也适用于所有的教和学活动。过程关注的是你如何做，作品关注的是你完成了什么。早期教育应当关注过程的各个方面。儿童在体验过程中获得技能发展。匹配儿童的优势、需要和认知的个性化过程比让每个人达到相同目标更重要。

## 发展适宜性实践

根据全美幼教协会的定义，发展适宜性实践是指幼教机构和教师熟知儿童的发展和学习情况，了解每名儿童，对儿童的生活环境进行认真思考，在此基础之上为儿童提供发展机会。发展适宜性实践应该是所有高质量幼教机构活动开展的基础（Copple & Bredekamp, 2009）。

## 重要性

　　为什么儿童不能仅仅只有游戏？为什么一个干净、有趣、健康和安全的环境对儿童发展来说还不够？如果我们能为每名儿童提供这些内容，那么儿童就朝着正确的方向迈进一大步。在考虑第三方质量认证体系的目标时，我们必须牢记，目标是达到高质量的保育和教育水平。因此，教师必须研究教和学。教师和课程对儿童的经验、能力、自我概念和成长的影响是不容忽视的。

　　早期大脑和儿童发展研究明确表明，人类的发展受到生活环境和经历的巨大影响。儿童的日常经验影响大脑的结构和功能发育，包括智力和个性。经验影响儿童的学习和发展。无论是积极经验，还是消极经验，它们对儿童、家庭和社会都有长期的影响（Committee on Early Childhood Adoption and Dependent Care, 2005）。

　　的确，课堂中的教和学对儿童有非常重要的影响。教师如何与儿童互动也是影响儿童发展的重要因素。

## 教学

　　与其他因素相比，教与学的交互作用决定了幼教机构的质量，并且对儿童智力和社会性发展有重要的影响（Pianta, 1999）。即便我们以前不相信，现在也必须相信——教师和他们的教学方式非常重要。即便是装修高档的教室、闪亮的新玩具、美丽的操场和最先进的技术，如果没有富有同情心和有能力的教师以有意义的方式开发和实施课程，那么这些都没有任何意义。

　　游戏有什么作用呢？我们在前面提出"为什么儿童不能仅仅只有游戏？"的问题，并不是有意暗示游戏没有价值。恰恰相反，它非常有价值。正如我们在前面提到的，爱因斯坦指出了童年早期游戏的本质，即"游戏是研究的最高形式"。但是，没有教师的支持、扩展、强化和理解，游戏的作用就被削弱了。让我们来看下面这个例子。

例

约舒亚和亨利坐在地上，两人距离大约一米远，把一个沙滩排球放在地板上来回滚动。有时候，他们推球的力度不够大，球会中途停止。有时候，他们用力过猛，球会弹到其中一个人身上。他们玩的时候还在咯咯地笑，看起来很开心。

对于这两个男孩来说，这是一次美妙而快乐的经历。他们在开心的同时，获得了一些重要的科学知识。他们正在学习如何滚动球以及如何调节力度。如果教师能够认识到这一点，那么他可以做很多事情来丰富儿童的这一学习经历。

- 他可以拍下照片，在一两天之后给两个孩子看，让他们回忆当时玩了什么。
- 他可以给孩子提供不同大小和重量的球，让他们预测需要多大的力去推动每一个球。
- 他可以测量每次球滚动的距离，用胶带在地板上做标记。

一名有经验的教师能看出这两名儿童已经了解了什么、接触了什么、能够理解什么。他至少不会让宝贵的时间白白溜走，而是去考虑用什么样的教学方法来进行指导。他也可能决定什么都不做，因为男孩投入在游戏活动中并表现出了坚持性，这说明儿童的社会性交往价值已经实现了。

教学并不意味着干预。教学仅仅意味着确保儿童有学习的机会，这可能发生在设计好的小组活动中，也可能发生在自发的游戏活动中，如两个孩子在玩"手指点画"游戏的时候。

## 实施

幼教机构在评估实践时面临的一个挑战是教和学无时无刻不在发生。无论是观察还是收集文件，都需要精选证据来证明这一点。鉴于教和学的相关定义和研究，我们需要考虑如何将这些更广泛的概念和想法付诸实践。让我们看看来自不同的第三方质量认证体系的一些标准，以便更充分地理解如何自检并达到标准。

NAEYC 2.B 03：儿童有各种各样的机会来学习调节情绪、行为和注意力（NAEYC, 2005c, 19）。

NECPA III-32：教师关注儿童个体以及儿童是如何成长为独立个体的（National Early Childhood Program Accreditation Commission，1994）。

NAC F1：教师表现出有利于与儿童建立信任关系的行为（NAC, 2007）。

ECERS-R 17-7.1：教师随时鼓励儿童进行推理，用真实的事件和经验作为儿童概念发展的基础（Harms, Clifford & Cryer, 2005）。

教师知道按照标准提供这些机会，但他们很难确定如何在课堂上展示这些机会。尽管任何人都不应该仅仅为了现场考察而刻意做任何事情，但是教师在考虑如何向评价者"证明"自己的行为符合标准时，往往会感受到压力。教和学标准中的部分概念和理念并不像物质环境等那么具体。我们没法触摸到儿童推理能力，我们也看不到儿童读写能力的发展。然而，我们可以接触并看到一些证据，表明教师为实现这些目标做了各种努力和提供了各种机会。帮助教师理解这些标准如何落实在日常实践中，有助于他们准确地评估自己的行为如何达到标准，并且朝着更高的教学标准而努力。

让我们回顾一下上面列出的标准并确定相关的证据。

NAEYC 2.B 03：儿童有各种各样的机会来学习调节情绪、行为和注意力（NAEYC, 2005c, 19）。

证据：评价者能够看到教师支持儿童做出选择、应对挫折、学习社会交往（分享和轮流）技能等，在课程计划和活动中看到儿童的讨论或推理。

NECPA III-32：教师关注儿童个体以及儿童是如何成长为独立个体的（National Early Childhood Program Accreditation Commission, 1994）。

证据：档案袋、持续评估或日常观察日志、课程计划、教师与儿童一对一的互动。

NAC F1：教师表现出有利于与儿童建立信任关系的行为（NAC, 2007）。

证据：教师遵守诺言，说到做到，告诉儿童事实真相，遵循常规时间要求（评价者可以根据张贴的时间表来查看教室里的活动），公平对待所有的儿童。当儿童受到伤害时，教师迅速而富有同情心地回应他们，情绪稳定，态度温和。如果教师做到了以上这些，那他本人就是证据。

ECERS-R 17-7.1：教师随时鼓励儿童进行推理，用真实的事件和经验作为儿童概念发展的基础（Harms, Clifford & Cryer, 2005）。

证据：用一个例子来解释这一标准。儿童可以在以下活动中建立序列概念，如回顾一日生活常规、小组讨论、图卡排序、听写练习（教师提问"接下来发生了什么"，记录儿童说的话）；还可以通过让儿童选择、讨论、阅读、玩游戏等（如根据现在的天气，给娃娃穿上合适的衣服）来证明这一条标准。

显然，教师不必提供详尽的证据来证明他们的行为符合标准，只要保证高质量的教和学每天都在发生即可。评价者将清楚地看到这一点并将他们的发现记录下来。对教和学实践进行真实的评估和反思很重要，这能确保幼教机构达到最高质量标准。

自我感觉良好和将自己的工作与标准进行对照是两码事。通常，阻止一家幼教机构获得成功的障碍是，教师不愿意诚实地评价自己在教和学方面的实践水平。愿意调整和改进教学是教师获得专业发展的重要途径。使用"标准评估表"是一种很有效的方式，可以鼓励教师进行反思，考虑自己如何做才能满足标准。让我们看下面这个例子。

表 9-1　标准评估表样例

| 标准编号：<br>NACF-3：教师积极地回应儿童<br>（NAC，2007） | 类别：<br>教师和儿童之间的互动情况 |
| --- | --- |
| **标准实施目的（自我评价以及和教职员的讨论结果）：**<br>确保儿童的需求能够得到满足。如果儿童需要更多或更少，或需要不满足于所提供的物品，教师要能够适应和满足儿童，并且和儿童在一起，时刻陪伴儿童 | |
| **如何达到标准（对标准的实际落实）：**<br>在儿童难过或哭泣时，即使是他们自己惹出来的问题，我们也要做出回应。我们要帮助儿童解决问题，这样他们才能找到解决办法。当儿童表达需求时，我们不说"你可以"或"你很好"，而是发现他们真正的需求并尽量满足。我们每天都和儿童进行互动 | |

续表

| |
|---|
| **可观察到的证据（如适用）：**<br>与儿童的互动、问题解决策略 |
| **文字材料（如适用）：**<br>文字材料能够体现儿童的兴趣和需要、问题解决能力，尊重儿童 |
| **行动计划（如适用）：**<br>教学主管监督所有教师，确保他们能理解标准并执行 |

你将在附录 C 中找到一份空白的"标准评估表"，可用于自我评价。评估表适用于所有标准，但我们强烈建议你将其用于教和学的标准评估，因为这些标准最抽象、最复杂、最有益于教师进行思考和反思。

教和学的标准是复杂的，可以被分解成更细致的内容。当我们谈到教和学时，无论指的是什么，我们都要确认教和学无数次地在教室里发生。现在，让我们集中讨论一下教学方法。

## 行动 19　快速测试：教师在什么时候进行教学？

表 9-2　　教学情况检核表

| 教师是否在进行教学？ | 是 | 否 |
|---|---|---|
| 当他在小组时间和儿童坐在一起时 | | |
| 当他和同事在操场上聊天时 | | |
| 当他在诉说多么不喜欢今天的午饭时 | | |
| 当他连续三天打电话请病假时 | | |
| 当他把新的绘画工具拿出来并放在美工区时 | | |
| 当他让儿童唱昨天他教过的歌曲时 | | |
| 当他把一些好书存放到教师专属书柜时 | | |
| 当他早晨充满热情地迎接儿童时 | | |
| 当他安抚一名哭泣的儿童时 | | |

我们希望针对上述问题，你的回答都是"是"。实际上，教师只要跟儿童在一起，就无时无刻不在教学，尽管其影响可能有好有坏。这是一项艰巨的责任。一旦认识到这一点，教学就变得容易。尽管教师无时无刻不在教学，但我们依然可以把教学分成几个不同的类别。

## 师幼关系

教师和儿童之间建立关系是非常重要的。在早期教育中不能缺少人与人之间的关系联结。一名高中英语教师可能会只站在黑板前讲课，只在教室前面指导学生，只了解学生在教室里的行为（这是不值得提倡的，但很多教师可能都是这样做的）。如果幼儿教师也这样做，那么就会对儿童造成严重的伤害。事实上，这样的教师无法从事早期教育工作。儿童在早期需要与看护人形成强烈的信任和依恋关系。正如全美幼教协会手册中对于关系指标的阐述，与早期教育工作者建立坚实积极的关系，能够为儿童提供良好的成长和学习基础，促进儿童社会交往和学业学习（NAEYC, 2005e, 46）。那些没有理解和珍视师幼关系对于儿童发展价值的早期教育工作者，应该重新评估他们对幼教事业的职业认同感。

## 教学方法

教师有许多可用的教学方法。无论是通过问题促进儿童思维发展、为儿童提供学习新词汇或进行实验的机会，还是和儿童玩"躲猫猫"游戏，只要他们的方法是有目的和有意图的，就会让儿童经历的每个瞬间都有意义。教师应当清晰地表达他们在课堂中为什么要这样做，而这些"为什么"就是他们的教学方法。下面我们介绍几种常见的教学方法。

### 支架式教学

"支架"一词来源于列夫·维果茨基（Lev Vygotsky）的研究。当教师理解了什么是符合儿童发展规律的、什么是儿童已经知道的或能做的，他们就会为儿童进一步发展提供机会，让儿童学习下一个技能。例如，婴儿先学爬，然后学走，最后学跑。由于婴儿的行为不是从坐直接到跑的，所以我们不会有这样的期待。我们支持儿童的发展，鼓励他们逐步提高自己的技能。支架式教学是一种重要的教学方法，只有当教师了解儿童的发展规律，并与课堂上的个别儿童相适应，支架式教学才能成功地使用。

### 分组教学

儿童可以从同龄人身上学到很多东西。社会交往影响儿童所有方面的学习。教师可以决定儿童应该在何时以何种方式组成一个大组（不适合婴幼儿）或一个小组，或两人一组，或进行个体学习，也可以让儿童自己选择。大组故事时间和个体故事时间的效果截然不同，教师应该根据具体情况做出适宜选择。分组教学不仅是场所的变化，更重要的是，它提供的共同学习经验和群体规模会对儿童的学习产生积极影响。

### 儿童主导还是教师主导

在班级中，平衡教师主导和儿童主导的关系是很重要的。事实上，它们之间是一个连续体。教师有时会出于习惯而主导活动，会不假思索地解决问题，却没有意识到他们正在剥夺儿童的成长机会。例如，当两名儿童在表演区"杂货店"中争吵谁先使用购物车时，他们可能会不由自主地指望教师来解决问题。教师应关注情况，如果儿童已经开始大打出手，就要立即介入。当然，教师可以说："我知道你俩都想要购物车。这是一个需要解决的问题。我认为你们可以自己解决。试着想出一个解决方案，然后和我分享。如果你们需要我的帮助，我会和你们一起制订解决方案。"本质上，教师通过这样的处理方式，让儿童运用自己的社交技能和协商技巧进行问题解决。儿童主导活动会让儿童有更加令人兴奋的发现，更有利于教师培养充满热情的主动学习者。

此外，自由游戏时的一些简单、开放的问题可能会迸发出意想不到的火花。例如，儿童前一天在科学区使用天平获得了关于平衡的经验，第二天去建构区想搭建一座高塔。这时，教师可以引导他："我们在玩天平的时候学到了什么？是否可以帮助我们搭建高塔？"通过这样的引导（而非介入），教师帮助儿童将科学区获得的经验迁移到新的材料使用和游戏情境中。无论是教师主导还是儿童主导，只要得到恰当的、有目的的运用，学习都可以更加深入。

### 日程安排时间表

教师通过日程安排时间表教会儿童很多东西。教师日复一日地按照日程安排时间表工作，为儿童创设了一个持续的、值得信赖的环境。但是，日程安排时间表并不一定是僵化的，而应当适应儿童的需要。如果儿童正在创作艺术作品，那么清理工作不必急于一时完成，可以等到作品创作完成后再进行。活动的安排和时间的分配非常重要。如果儿童只是从一项活动快速地转移到另一项活动，或静静地等待教师安排，或花几个小时在户外奔跑，或参与完全由教师主导的室内活动，那么儿童一定不可能获得良好的发展。正如全美幼教协会对于教学指标的解释，设计一个灵活而均衡的日程安排时间表是布置丰富的学习环境的重要组成部分（NAEYC，2005f，56）。尽管有的地区的审批标准对日程安排时间表做出了规定，但要注意，日程安排时间表应当给活动留出调整的时间，不能搞"一刀切"。

### 过渡环节

无论是对于小组还是儿童个体，只要活动内容发生变化，就是过渡环节。过渡环节通常被认为是非教学时间，一方面是因为它没有被充分地利用，另一方面是因为它会影响前后两段时间中教和学活动的开展。

试想一名快乐活泼的学步儿正在建构区努力把方形积木放进圆孔里。这显然是行不通的，但是他仍试着把方形积木放进去……哦！发生了什么？他突然被抱走换尿布了。几分钟后，他回到建构区，已经记不清之前做了什么，于是蹒跚着走向了表演区。这样的转换每时每刻都在发生，但儿童并不需要这样的转换。教师有很多机会把过渡环节转变成教学时间。午饭后，儿童可以唱歌，进行内容回顾或者讲故事。教师可以在盥洗室张贴学习海报或真实生活图片，在盥洗时间和儿童讨论。教师在给婴儿换脏衬衫时，可以回顾身体各个部位的名称。在清理收拾环节，教师可以和儿童玩数学游戏，如问儿童："你整理了多少件红色的物品？"教师可以在换尿布时，指出房间里其他形状的物品，这样能帮助儿童快速回到建构区的形状探索活动中。这些都是教师在过渡环节中可以运用的方法。

## 行为引导

一个重要的教育观点是，行为引导是教与学，而不是惩罚。一名受到惩罚的儿童无法从中获得教训。只有给予儿童从错误中学习的机会，他们才能获得洞察力，并在之后得以应用。行为引导被认为是教师面临的最大挑战。适宜的环境布置、发展适宜的实践课程（尤其是适应个体的需要）以及适当的时间安排和过渡环节可以消除儿童许多的不良行为。在此情况下再次出现的个别不良行为，可视为一种教育机会，借此让儿童学习自我控制。教师应该坚信，行为引导可以有效地应对许多挑战。

这并不是说教师无须面临一些真正的挑战。如果儿童的问题超出了幼教机构的教育范围，那么你还需要联合家长等，帮助儿童获得来自学区、儿童早期干预专家、相关书籍或其他领域医学专家的资源。你要集中精力满足儿童的发展需求，为他们提供最佳的成长、学习和发展的机会。

教师还有很多的教学方式，例如我们在前面讨论过的利用环境等。教学方式是多样的，一名优秀的教师深知自己所做的每个选择都会对儿童产生影响。

# 学习

除了教学方法，教师还必须考虑学习内容。如果一名教师只会唱儿歌或者只会和一名 5 岁儿童玩"躲猫猫"，那么他一定不是一名成功的教师。学习的每个组成部分都很重要。

## 教学设计和内容

早教课程种类繁多。一些早教课程是众所周知的，一些则是个别幼教机构特有的。一些早教课程是精心计划和结构化的，另一些则更具灵活性。一些早教课程规定了大多数的日常活动，另一些则允许教师灵活地计划一日生活。第三方质量认证体系并没有认定某一特定的课程或规定遵循一个循序渐进的开发过程。有些早教课程适合儿童，有些完全不适合。无论你所在的幼教机构使用什么样的早教课程，它都必须符合质量认证标准。

## 课程

一门课程相对于另一门课程的优势往往在于它的基础。课程应具有连续的教育目标，从而使教师能够提供有目的的支架，使儿童获得相应的发展。直接购买使用基于新兴哲学理念的课程（主要是针对儿童不断发展的兴趣），对幼教机构来说很方便。无论是提前计划课程，还是通过观察和评估反思课程，儿童在课堂上的学习都应该是有目的的，而不是偶然和随意的。

此外，早期学习标准是一个很好的资源。大多数地区都有一份概述这些学习标准的文件。了解儿童在每个阶段能做什么、应该做什么以及他们如何更好地学习，可以帮助你制订一套高质量的课程标准，以确定授课内容适合他们。毫无疑问，儿童应该从认识字母表、识别字母和语音开始学习，但是如何把这些内容介绍给儿童、如何使他们学得更好，都是影响课程设计的问题。因此，无论你的幼教机构开发了自己的课程还是使用统一的课程，都要提前考虑这些因素，以确保你使用的课程是真正高质量的课程。

## 学习的证据

每间教室都在讲述故事。儿童的工作、努力、进步、成就和创造力应该在他们的生活中得以体现。如果儿童有机会反复观察、反思自己的作品并感到自豪，那么学习的机会就得到了扩展和丰富。在书写区附近张贴儿童的书写作品，让他们有机会经常看到，这能让儿童学会审视自己的书写作品。将某名儿童的水彩画作品挂在墙上，是为了让这名儿童知道自己所付出的努力值得让所有人看到。课堂上展示的证据应该能够让家长和其他班的教师了解儿童在做什么，这样他们才可以支持其学习的扩展。

## 入学准备

"入学准备"是一个时髦的词，在儿童期很受欢迎。这个词很有价值，因为它让儿童为顺利入学做好了准备。然而，入学准备工作背后的目的却常被曲解。入学准备变成了只关注学业成绩，而不关注全方位素质；只关注幼儿园的准备，而不关注小学的准备。我们有理由认为，应该让儿童在学校和生活中以各种方式取得成功。然而，过度强调死记硬背（如记忆字母、数字，拼写名字）是弊大于利的。教育工作者必须了解入学准备工作的真正意义和目的，帮助家长看到教给儿童诸如坚持、推理和合作等生活技能的更大价值，而不是在没有情境的情况下让儿童死记硬背。

以下活动需要你和同事一起完成，既能进一步理解教和学对儿童的影响，也可以进一步反思自己作为教师对儿童的影响。

## 行动 20　师幼互动测试

师幼互动是最重要和有效的教学方式之一。对于师幼互动的定义和运用方式，我们已经有了一定的了解。下面这个测试能够帮助你明确自己处于何种水平以及下一步要做什么。

表 9-3　师幼互动自测表

| 表现 | 是或大多数时间是 | 没有或几乎没有 |
|---|---|---|
| 在午餐和点心时间，我和孩子们坐在一起聊天 | | |
| 我允许孩子自主选择 | | |
| 我每天给孩子们至少读两次书 | | |
| 我给孩子们唱歌 | | |
| 我在和孩子们说话时，目光会与他们的视线平齐 | | |
| 我通过提问了解孩子在想什么 | | |
| 我通过提问了解孩子学到了什么 | | |
| 我通过提问让孩子了解自己 | | |
| 我会热情地与来到班级中的孩子、家长和参观者打招呼 | | |
| 在日常护理时，如洗手或换尿布时，我会和孩子聊天 | | |
| 在说话时，我会斟酌自己的语言 | | |
| 我会使用方位词（如下面、前面、旁边） | | |

| 表现 | 是或大多数时间是 | 没有或几乎没有 |
|---|---|---|
| 我一般会叫孩子的姓名而非昵称 | | |
| 我会用语言安抚孩子 | | |
| 我会用语言帮助孩子描述自己的想法、行为和感受，表现出对他们想法和感受的认同 | | |
| 我会通过互动帮助孩子建立自信心 | | |
| 我的语言是积极的、不带偏见的 | | |
| 我会使用开放式的问题和评论 | | |
| 我让孩子使用自己能够理解和运用的词汇来进行表达 | | |
| 我尽量不用"不"这个字 | | |
| 即便是对还不会说话的婴儿，我也会向他解释为什么 | | |
| 我会使用语言解决问题 | | |
| 我会使用具体的表扬，如"我喜欢你的选择"，而不是泛泛的表扬，如"干得好" | | |

　　你可以从附录 C 中找到空白的"师幼互动自测表"，用它来考察一下你的教师。对比一下结果，重点关注教师认可的教学方式和别人眼中他们的教学方式有没有差别。很多时候，教师的自我评价比旁观者对他们的评价要好一些。选择一种教学方法很重要，真正实施则更加重要。

## 行动建议　关于学习的建议

### 20 个问题

　　这个活动的目的在于说明开放性问题的重要性。想一个和你自身相关（但与工作无关）的、比较含糊的主题，让其他教师通过提问来猜测你在想什么，问题的答案只能是"是"或"否"。如果问了 20 个问题后，大家都没有猜出来，可以让教师提任何类型的问题。几次尝试后，终究有人会问："你到底在想什么呢？"你可以告诉他们答案，并解释为什么要玩这个活动。这个过程告诉大家，开放性问题比封闭性问题能够获得更多的信息。这个活动也展示了如何避免"答错了""失败"这样非黑即白式的判断，这样的判断在刚才的活动或封闭性问题中经常出现。

### 理想的学习

将教师平均分成5个小组，给第1组一张苹果的卡通图片，给第2组一张苹果的真实照片，给第3组一个家居装饰用的塑料苹果，给第4组一个真实的苹果，给第5组一个真实的苹果和一把餐刀。要求所有小组成员假装自己以前从来没有见过苹果，用一分钟的时间根据手头的资料进行学习，记录关于苹果的信息（第5组获得的信息通常最多，并且能够做最详细、清晰的观察）。这个活动的目的在于阐释在真实生活中学习的重要性。可以让教师思考如何为儿童提供类似"真实苹果"的学习经历。

提示：如果用大家不认识的水果和蔬菜会更有趣，如阳桃或豆薯。这样一来，教师第一次认识这个事物，整个过程会更加真实和有效。

### 做计划

给教师一点儿时间，看看下周或下个月的课程计划或学习目标，让他们有目的地思考应该如何开展教学。是教师主导还是儿童主导？是大组还是小组？是直接把新的材料投放到学习区域中让儿童自主发现，还是在小组中提前介绍这些新的游戏材料？无论你的幼教机构使用的课程是基于新兴哲学理念还是其他理念，对于在教室里做什么、怎么做以及为什么要这样做，教师都应该是深思熟虑的。

### 反思

活动结束后，教师同样也要学习。给教师一点儿时间思考儿童做了什么。使用下面的"活动描述表"能够帮助教师反思和分享在学习过程中发生的重要事件，也能帮助家长理解游戏的价值和意义。教师只有投入时间进行反思，才能更好地为儿童的学习搭建支架。

表9-4 活动描述表

| 时间: |
| --- |
| 活动名称: |
| 使用的材料: |
| 活动目的: |
| 结果: |

将表格与儿童的作品放在一起展示，这样家长能更好地理解活动目标和结果。

**学习的痕迹 / 档案资料**

如果教师没有在班级中对学习过程进行资料整理和展示，那么你必须要求教师从现在开始这样做。档案资料应当包括以下内容：1.阐明有哪些活动；2.记录儿童在活动前的想法和已知内容；3.呈现活动过程照片；4.展示儿童在活动后获得的知识经验。

对于教师、家长和儿童来说，这样的展示使得学习更加生动鲜活。直观的图片可以帮助儿童回顾自己在学习过程中使用的技能，并且能够和原来的活动对接，而不是重新开始一个新的活动。

在教室中寻找学习的痕迹，能够清楚地看到儿童正在做什么。这些痕迹让教学变得更加有意义，同时也丰富了儿童的经验。

### 学习品质

学习品质是教师们不太熟悉的一个领域。把不同的学习品质内容，如好奇心、坚持性、持续的兴趣和热情，列在一张图表上并张贴在教室中。对每个学习品质进行解释，然后漫步整间教室，在每个学习品质下面写上有助于促进该学习品质发展的活动构思。把这些图表留在教师办公室，让教师关注班级中的活动和学习品质之间的关联性。过一段时间后，让教师在图表上增加新的活动构思。

这些活动并不是为了帮助教师开发、设计或提供更好的教学内容，而是让教师进一步理解教学内容背后的含义和意图。那些能够反思自身教学实践并调整教学技能以匹配教学内容的教师，将更容易使自己和儿童获得成功。回想一下你上小学时的情景，电脑还是一种新奇事物。我们（作者）每周有15分钟的时间使用文字处理软件或在电脑上玩乒乓球游戏。我们的老师同样不会使用电脑，但教会了我们如何学习，而这种技能对我们很有帮助。

## 阳光儿童发展中心

马撒完成了自己的课堂观察和评估，并且对结果非常感兴趣。她原以为对所有的班级都了如指掌，然而持续不断的课堂观察和教师评估让她对每名教师有了新的发现。这些发现有助于她为每个学习小组提供反馈。马撒、乔治娅和教师一起根据评估结果制订改进计划，提升课堂质量，并且立即取得了成效。由于马撒通过观察获得了相关信息，并且采用了合作的方式进行评估，所以她和教师都非常积极地面对自己的改变和进步。

# 第十章  评价学习和发展情况

**阳光儿童发展中心**

朱莉和瑞纳特有一个绝妙的想法。她们在学习了美国认证协会关于观察和评估的内容之后，想重新设计儿童成长档案，以使其更加符合美国认证协会提出的要求。她们把这一想法告诉了马撒，马撒指导她们基于这一想法制订了方案。朱莉和瑞纳特花费了几天时间，写出了改进儿童成长档案的方案。马撒让她们在本月的教职员例会上介绍这份方案。

## 定义

幼教机构中的儿童学习评价通常指的是与测查、记录和描述儿童发展里程碑相关的制度、程序和做法。为了顺利完成评估，有很多收集信息的方式，包括教师观察、逸事记录、儿童作品取样和照片或视频记录。这些信息会和儿童发展常模进行对比，从而明确儿童下一步的学习需要和教育目标。

## 重要性

现在的儿童保育与教育已经远远不同于传统的日托看护。儿童大脑发育和儿童学习能力与需要的相关研究表明，只关注照料与看护是不够的，还要为儿童提供适宜发展的学习经验。出于这样的考虑，下一步目标就是如何促进儿童的进步与发展、如何满足儿童的发展需要。

这时，你就需要对儿童的学习进行评估。如果你所在幼教机构的目标是满足儿童的发展需要，那么就要确定你有没有开展过评估工作。评估的过程不仅能让你了解每名儿童的发展状况，同时也能了解你为儿童提供的学习经验是否适宜和足够丰富。评估的结果可以帮助你为每名儿童做出适宜选择，从而帮助他们获得全面发展，也可以帮助幼教机构明确哪些地方需要调整和改变，从而更好地适应儿童的需要。评估并不是用"通过／不通过"来衡量儿童领先或落后。相反，这是一个了解每名儿童成长状况的机会，以确保他们的成长和发展得到支持。

关于儿童学习评估，《全美幼教协会 2003 年度联合声明》（2003 Joint Position Statement of National Association for the Education of Young Children）指出，那些从事早期教育专业的人有责任"将道德的、适当的、有效的和可靠的评估作为所有早期教育机构的核心任务。为了评估儿童的优势、进步和需求，使用发展适宜性的、与儿童的日常活动相关联的、有专业发展支持的评估方法。这些评估具有特定的目的：（1）做出合理的关于教学和学习的决策；（2）识别可能需要进行针对性干预的儿童；（3）帮助机构改进他们的教育和发展干预措施"。（NAEYC & NAECS/SDE, 2003）

第三方质量认证体系普遍认为，评估是学习过程的一部分。教师应该具备足够的知识，接受过相关培训，这样才能开展评估工作并根据幼教机构中"儿童是如何学习的"教育理念对评估结果进行解释和交流。这是一个循环的过程（见图 10-1），它与课程设计和实施紧密相连，以满足儿童的发展需要。

关于儿童
发展需要
的知识

课程设计

课程实施

评估儿童的
进步

**图 10-1 评估过程**

高质量的幼教机构把对儿童学习的评估纳入自己的实践中，因为它是满足儿童个体需求的重要环节，学习过程因此也变得更有意义。评估儿童学习的最佳实践涉及多种因素。

- 评估并非对儿童的知识技能进行测验。
- 评估包括持续收集一段时间的信息，以显示儿童在连续发展过程中所取得的进步。
- 对儿童发展的评估是在日常的自然环境中进行的。
- 教师深刻理解所在幼教机构的教育理念、教育目标，以及儿童在身体、认知、学习品质、社会和情感方面的发展里程碑。
- 家庭参与评估过程。
- 基于评估的结果，为儿童选择学习方式。

## 评估

第三方质量认证体系可能有特定的标准，以描述并评估儿童学习要求。如果这样，你应该熟悉这些要求并按要求实施评价。当然，你也可以从一些被公认的预期开始，这些预期有助于你满足第三方质量认证标准。最佳实践很容易与第三方质量认证体系的标准吻合。除了教室是评估儿童学习的最佳实践场所以外，标准还涉及幼教机构的评估管理，包括界定和描述自己的教育理念、进行教师培训、留存记录以及保持与家长的沟通。最佳实践可以按以下方式分组。

- 教育理念
- 明确评估过程和方案
- 课堂实践
- 教师培训
- 留存记录并整理资料（档案）
- 家长参与和沟通

也许你并没有按上述方式实施评估，没关系，在评估时把上述标准熟记于心即可。你会发现通过略有不同的方式也能达成目标，这没问题。需要提醒的是，这些最佳实践并不能代替第三方质量认证体系描述的标准，它们只是给你提供一个起点。如果有必要，你仍然需要使用相关的文字材料完成自我评价。很多第三方质量认证体系对于评估儿童的学习都有具体详细的标准，但可能没有特别详细的论述。无论哪种情况，最佳实践都有助于你理解对高质量幼教机构的预期是什么。

## 行动 21　与评价学习和发展情况相关的内容 ························

### 教育理念

☐ 幼教机构对于"儿童是如何学习的"有清晰明确的认识。

☐ 教育理念是课程设计的基础。

☐ 教育理念涉及儿童各方面的发展，包括身体、认知、社会性、情感和学习品质。

☐ 和家长分享交流教育理念。

☐ 把教育理念培训作为教师培训不可或缺的一个内容。

### 明确评估过程和方案

☐ 幼教机构对于评估过程有明确清晰的书面方案。

☐ 幼教机构有用来记录儿童进步变化的评价工具。

☐ 评价工具是根据儿童不同发展阶段的教育目标而研制的。

☐ 评估包括非正式评估和正式评估两种。

### 课堂实践

☐ 评估包括了教师在自然情境中观察儿童。

☐ 教师持续用逸事记录的方式记录对儿童的观察情况。

☐ 教师持续不断地收集反映儿童进步变化的各种证据。

☐ 教师经常和家长交流儿童的进步情况和发展需求。

☐ 教师解读和分析观察记录和评估结果，制订满足每名儿童学习需要的个性化学习方案。

☐ 教师解读和分析观察记录，收集儿童学习证据，将其用于完善测评内容。

### 教师培训

☐ 教师从入职就持续地接受以下培训。

- 学习观察和记录的方法。
- 收集反映儿童发展进步的、有价值的证据。
- 使用书面评估工具。
- 与家长沟通评估结果。
- 根据评估结果制订个性化学习方案。

### 留存记录并整理资料（档案）

☐ 幼教机构要将儿童的评估报告作为档案资料留存。

☐ 幼教机构要将与家长沟通的儿童评估结果和发展需要作为档案资料留存。

☐ 如果幼教机构邀请了外部测评专家做咨询，那么需要把评估结果放到儿童成长档案中。

☐ 如果幼教机构向家庭推荐外部测评专家服务，那么应提前让家长签署书面同意书。

☐ 幼教机构应该有一整套资料整理的工作流程，以支持儿童的成长和发展。

**家长参与和沟通**

☐ 家长经常有机会和教师交流儿童的需要和进步情况。

☐ 教师和家长经常有机会讨论儿童的进步情况。

☐ 家长定期得到一份反映自己孩子进步的书面记录。

☐ 评估不是聚焦于"是否通过",而是关注个体的发展。

☐ 教师和家长依据儿童发展评估的结果,共同合作制订计划,支持儿童进一步学习。

# 实施

对于教师、家长、幼教机构负责人以及主管教育的部门来说,了解儿童在幼教机构接受教育后的表现至关重要。每一名利益相关者可能分别有需要儿童评估结果的不同理由,但最重要的利益相关者始终是儿童。儿童评估的过程必须最终为儿童服务。

为了使课堂中的评价更加有效,你需要将当前的实践与第三方质量认证体系中的最佳实践标准进行对比,以确定哪些方面你已经取得成功了、哪些方面还有进步的空间。这一点非常重要,因为这会帮助你明确下一步教师培训的方向,同时实施全面综合的评价,从而对儿童产生最积极的影响。参照自我评价资料中的每个步骤,制订详细具体的方案,能够帮助你更快、更成功地达到目标。

## 行动 22　对儿童评价工作进行评估 ·····························

从评估你所在幼教机构的当前实践开始,你可以在以下两个方面中任选一个方面进行。

• 使用与评价学习和发展情况相关的内容（行动 21）

• 使用第三方质量认证体系中关于评价儿童学习的标准

把检测表和相关标准复印多份发给各班，让教师们来做评价。收集整理教师的评价结果，对你观察到的和你了解的教师所做的评价进行自我评价。在收集到这些信息以后，分析并基于评价结果制订下一步计划。

1. 根据最佳实践测评表和第三方质量认证体系的标准，完成下列关于理想评估过程的论述。

我们的教育理念是＿＿＿＿＿＿＿＿＿＿＿＿＿＿＿＿＿＿＿＿＿

＿＿＿＿＿＿＿＿＿＿＿＿＿＿＿＿＿＿＿＿＿＿＿＿＿＿＿＿＿＿＿

＿＿＿＿＿＿＿＿＿＿＿＿＿＿＿＿＿＿＿＿＿＿＿＿＿＿＿＿＿＿＿

我们机构的教育目标是＿＿＿＿＿＿＿＿＿＿＿＿＿＿＿＿＿＿＿

＿＿＿＿＿＿＿＿＿＿＿＿＿＿＿＿＿＿＿＿＿＿＿＿＿＿＿＿＿＿＿

＿＿＿＿＿＿＿＿＿＿＿＿＿＿＿＿＿＿＿＿＿＿＿＿＿＿＿＿＿＿＿

为了实现我们的理念和目标，我们的评估过程应该具备以下内容＿＿＿＿

＿＿＿＿＿＿＿＿＿＿＿＿＿＿＿＿＿＿＿＿＿＿＿＿＿＿＿＿＿＿＿

＿＿＿＿＿＿＿＿＿＿＿＿＿＿＿＿＿＿＿＿＿＿＿＿＿＿＿＿＿＿＿

第三方质量认证体系中关于评估的标准是＿＿＿＿＿＿＿＿＿＿＿＿

＿＿＿＿＿＿＿＿＿＿＿＿＿＿＿＿＿＿＿＿＿＿＿＿＿＿＿＿＿＿＿

＿＿＿＿＿＿＿＿＿＿＿＿＿＿＿＿＿＿＿＿＿＿＿＿＿＿＿＿＿＿＿

2. 总结教师的发现和你对于儿童表现的评估，列出成功经验和值得改进的地方（见表 10-1）。

表 10-1　总结表

| 成功经验 | 值得改进的地方 |
| --- | --- |
|  |  |
|  |  |
|  |  |
|  |  |

3. 基于"值得改进的地方"一列中列出的结果，制订行动计划，围绕儿童评估结果实施改进做法。

表10-2 行动计划表

| 值得改进的地方 | 需改进的活动 | 负责人 | 完成日期 |
|---|---|---|---|
|  |  |  |  |
|  |  |  |  |
|  |  |  |  |
|  |  |  |  |
|  |  |  |  |

4. 把你的计划付诸行动。决定哪些操作项需要在教师培训后再实施。在分配任务和公布完成期限之前，把教师需要的所有材料和资源准备好。针对表格中提到的改进内容，在总体计划中增加相关任务，确保给教师提供书面的行动计划和明确合理的时间期限。

5. 跟踪和监控进度。当教师在课堂上做出改变时，向他们进行有意义的定期反馈。对截止日期要严格要求，期望教师在规定日期前完成布置给他们的任务。这样做有利于保持变革的势头，确保教师取得切实的成功。

# 收集持续体现儿童发展的证据

无论你决定在幼教机构中使用什么样的观察和评估系统，请记住，你收集的证据要显出在一段时间内儿童的成长和变化是如何发生的。记录观察的结果，每年一次的"成绩单"上记录的是教师关于儿童学习取得成功的所有事情，反映儿童有意义的学习。大多数的第三方质量认证体系都要求有实实在在的、能够体现持续一段时间的儿童成长和变化证据。很多质量认证体系还要求有针对儿童个体或各班儿童的成长档案。

## 儿童成长档案系统

成长档案系统是一种被大家熟知的、收集观察和评估儿童长期学习和发展证据的方法。"成长档案"这个术语有时会令人困惑。部分教师认为它过于正式。其实，它指的是材料和证据的收集。除了满足第三方质量认证体系的要求外，它还是一种工具，可以让教师和家长了解每名儿童在一段特定时间内的发展进步。

教师和家长可以使用这些信息和证据，为每名儿童制订未来的学习计划，采取支持儿童发展的干预措施。在早期教育中，满足每名儿童发展需要的个性化学习，是一种发展适宜性实践。对教师来说，有一份儿童成长档案在手，对于支持儿童的学习和发展是非常珍贵的。

儿童成长档案系统要求教师评估自己收集的证据质量，描述这些证据如何显示儿童的发展历程。许多儿童成长档案袋里塞满了艺术作品、写写画画的纸张和其他零零碎碎的东西，但作为一个整体，这些档案并没有以有序的或有意义的方式展示儿童在发展领域内的成长或进步。为了使儿童成长档案系统更有价值，请考虑以下几点。

- 幼教机构是否有一个清晰的工作体系来持续收集儿童学习的证据？
- 这个体系是否符合你所追求的第三方质量认证体系的要求？（即使他们不要求儿童有档案，通常也要求对儿童的学习做持续评估。）
- 教师知道收集儿童成长的哪些证据吗？
- 证据是否和课程中的学习目标相关？
- 当教师完成档案收集后，他们是否知道接下来该怎么做？

如果对某些问题没有确定的答案，表明你的幼教机构有需要改进的地方。评价者可能会检查这些儿童成长档案，并在来访过程中与教师讨论这些档案内容。教师必须理解持续评价儿童发展的理念，它不仅仅是为了迎接评估员的来访检查，而是因为这是一项必须坚持做的工作，它对保障儿童的健康成长是有帮助的，也是至关重要的。

你可以通过多种方式为班级中的儿童创建儿童成长档案。儿童成长档案应该在其注册入园后就着手创建，并跟随他们从一间教室到另一间教室，直到他们毕业。儿童成长档案可以放在文件夹、活页夹或类似的其他东西中。一些质量认证体系还要求提供班级档案，以查阅自我评价资料，进行关于创建和整理作品集的具体指导。全美幼教协会的班级档案就要求根据特定的标准收集和整理档案。你可能会发现，第三方质量认证体系的自我评价资料并没有提供具体指导。在这种情况下，你可以以自己的方式理解作品。关于这一主题以及一般的观察和评价方法，有许多书籍可供参考。

### 阳光儿童发展中心

一开始只是一个重新设计儿童成长档案的小计划，后来变成了朱莉和瑞纳特的一个有趣的大计划。她们对儿童成长档案了解得越多，越意识到目前的体系是多么地不完善。因此，她们不只是重新整理了儿童成长档案，还打算对教师进行培训，帮助每个人更好地理解儿童成长档案如何帮助教师实现观察和评估的循环，而不仅仅是把儿童的艺术品放在那里。她们将在本月的教职员大会上对大家进行培训。瑞纳特感到有些紧张，因为她要教授给她的同事们一些新的东西。朱莉相信，当同事们了解了这些内容后，他们会像自己和瑞纳特一样兴奋、激动。

# 第十一章　家庭和社区的参与

**阳光儿童发展中心**

为了能够达到质量认证标准，每名在阳光儿童发展中心工作的教师都非常努力地提高工作效率。马撒和乔治娅忙着收集整理文字材料，为教职员提供支持和培训机会。教师们反思自己的课堂教学情况，改变教学实践和班级环境，以符合质量认证标准。这是一段繁忙的日子，每名教师都为自己取得的进步感到骄傲。直到有一天，一名家长在走廊遇见马撒："在之前的通知中，您提到你们中心正在争取通过质量认证。这项工作开始了吗？进行得怎么样？"马撒突然意识到她和同事之前在阳光儿童发展中心那么繁忙，但却忽略了质量认证准备过程中一个非常重要的因素——除了让家长们完成调查，还要让家庭尽可能地参与进来。马撒知道让家庭参与到质量认证的过程中是很重要的，应该尽可能地确保幼教机构每天进行的家园沟通与合作处于最佳状态。她把这个内容列入了下一次教职员大会的议程中，希望通过同事们的共同努力，生成一些让家庭和社区参与进来的好想法。

# 定义

关于家庭和社区参与的定义非常简单，目的在于通过获取家庭和社区的资源，丰富幼教机构的资源，确保教师和家长之间形成良好的伙伴关系。

# 重要性

　　家庭和社区参与的目的是确保幼教机构不会与社区隔离开。幼教机构应该成为社区有活力的组成部分，与家庭和其他资源协作，为儿童提供最好的看护经验，同时利用社区中的丰富资源。

　　如果幼教机构孤立于广大社区之外，没有与家庭形成伙伴关系，那么其为儿童提供的看护经验将无法达到高质量和高水平，幼教机构也会错过儿童获得的丰富而有意义的学习经历，也不会与家长进行开放和合作的交流，而这两件事在高质量的幼教机构中非常重要。那些能够理解与家庭和社区关系重要性的幼教机构往往大受裨益。无论是通过简单的事情，如捐赠物资或招募家长志愿者，还是通过其他重要的事情，如成立支持幼教机构工作的家长委员会或社区资助幼教机构建设操场，这对所有人来说都不无裨益。然而，我们的期望并不是建立一个复杂的社区伙伴关系，也不是让家长来管理幼教机构，而是建立合作伙伴关系，以促进儿童身心健康发展。教职员通常对标准感到焦虑，特别是关于社区的标准。其实不必担心，标准是很容易达到的，很多幼教机构的行为其实已经很接近标准了。

# 评估

　　虽然家庭和社区的关系有许多共同之处，但它们却是独立的，有各自独特的要素，所以我们会把它们作为不同的对象加以讨论。当二者存在相关时，我们也会联系起来谈。这也适用于许多第三方质量认证体系的标准。虽然标准之间存在明显不同，但如果没有其他方面工作的配合，那么它们也无法达到最佳状态。

　　许多关于家庭和社区的标准和第三方质量认证体系涉及的标准是一致的。以下是一些例子。

　　ECERS 38-5.4：以多种方式鼓励家庭参与儿童所在幼教机构的活动（Harms，Clifford & Cryer, 2005）。

NAEYC 7. A. 12：幼教机构为家庭提供正式或非正式见面的机会，让家长们在不同的主题中共同合作，相互学习，相互支持（NAEYC，2005c，57）。

NAC D4：鼓励家长参与幼教机构的活动。教师设法让有工作的父母参与儿童的周末活动，这样就不需要向单位请假（NAC，2007）。

尽管表述的方式不同，但所有这些标准实施的基本目的都是确保家长有机会参与到幼教机构的活动中。这是所有标准实施的共同目的。通常，这些标准旨在实现以下目标——伙伴关系、沟通交流和多样性。

## 伙伴关系

与家庭建立伙伴关系旨在确保家庭和幼教机构将各自的努力放在最有利于儿童发展的事情上。家长和监护人是儿童的第一任教师，也是最重要的教师，幼教机构必须认识到这一点。对于家庭不了解、不知道其重要性且无法提供的内容，幼教机构可以以有目的、有计划的教学作为补充。因此，综合考虑幼教机构和家庭的影响能够对儿童的发展产生积极作用。

建立与社区的伙伴关系旨在确保幼教机构能获得社区资源，但这并不意味着幼教机构负责人必须参加商会会议或在城市委员会任职。其实，它仅仅意味着成为一个好的、参与式的邻居，让儿童能了解社区的多样性并接触各种资源。与当地图书馆合作可以让儿童了解这种宝贵的资源，让他们接触到更多不同类型的书籍，也许这还能激发他们的阅读兴趣。让儿童参与社区活动有助于你与当地的企业发展友好关系，向儿童传递社区责任和回馈社会的理念。这些伙伴关系的例子很简单，但在向儿童传递信息和促进其学习方面具有潜在的巨大影响。

## 沟通交流

更多的交流！更好的沟通！这些通常是家长在年度调查中提出的意见和要求。但是，它们分别是什么意思呢？每个人对"什么是好的沟通"有不同的看法。尽管家长让自己的孩子进入幼教机构学习，但他们仍然希望自己能了解孩子的一日生活。许多父母每天会和自己的孩子分开 10 个小时左右，他们很想了解在这段时间里发生了什么，同时参与到孩子的生活中。了解这一点并了解每个家庭不同层次的需要，可以帮助幼教机构与家庭建立有效的沟通渠道。

例如，幼教机构向家长展示儿童在白天做的事情，然后让家长与孩子进行有意义的对话，而不是下面这样的交流。

家长："你今天做了什么？"

孩子："我不知道。"

对话可能变成这样。

家长："和我说说你今天做的拼贴画吧？"

孩子："我用了红色和蓝色的纸、闪亮的箔片。我把它们粘在上面，然后剪出形状。"

关于饮食、午睡、情绪和换尿布的处理也是如此，这对家长来说至关重要。例如，一名儿童整个晚上都情绪低落，家长并不知道这是因为儿童没有午睡才导致的，因此没法针对儿童的情况给出适宜的回应。

关于儿童完成了什么、享受了什么、发现了什么的具体信息非常重要。一封附有照片的电子邮件、一张描述快乐成就或开心事件的便条、一句儿童关于新朋友的评论或充满童趣的话，都是教师与家长沟通的简单有效的方式，可以让家长对儿童的一天行为有点滴了解。

与社区的交流不太常见，但也很有价值。可以找到许多机会与其建立积极的社区关系。

• 与政府直接沟通，确保在推行新举措时能考虑到幼教机构的需要和想法。

• 与当地学校进行交流，了解学校的作息时间和对儿童入学准备的期望。

• 在政府研发第三方质量认证体系时，参与其工作。

• 参加当地的儿童教育协会。

• 让家长们了解社区资源和重要事件有哪些。

如果做得好，这些努力将产生持续的影响，幼教机构付出的时间和努力最终也将得到回报。

### 多样性

多样性能够而且应该体现在幼教机构的各个方面。多样性或多元文化包容不应是一种孤立的学习经验获得，而应反映在幼教机构的各个方面。多样性不是只意味着不同。考虑幼教机构的多样性，就应该考虑到该幼教机构中各个家庭之间存在的差异，这些差异涉及传统、文化、性别、种族、家庭结构和能力等方面，同时包括更广泛的社区或世界多样性。

在你的幼教机构中，尊重和重视多样性就应以积极的方式塑造幼教机构与家庭和社区的伙伴关系，促进双方交流与沟通。这通常比你认为的要容易。

- 邀请当地领导在教职员大会上做演讲。
- 邀请女运动员到你的幼教机构中给儿童讲故事。
- 提供各种节日午餐。
- 让儿童自制关于家庭的图书，并且在班级图书区展示。

虽然从商店购买的物品，如食品玩具、海报和玩偶等可以代表多样性，但基于你自己的幼教机构的多样性去挖掘和开发物品会更好。许多幼教机构不能有效地呈现多样性，因为教职员仅仅把多样性定义为文化或种族差异，他们不愿询问或承认自己缺乏这方面的知识，害怕冒犯他人。然而，如果建立了强有力的、开放的家庭和社区伙伴关系以及沟通方式，那么你的幼教机构可以从这些关系中受益，并利用这些资源进一步增强多样性。关注家庭和社区是了解真正的多样性的最佳途径。下列建议将帮你做到这一点。

## 实施

通常，在实践中的细微改变可以加强家庭和社区的参与程度。虽然大规模的改革同样可以达成目的，但这没有必要。在考虑可行的计划时，可以参考以下内容。

## 家庭联系

### 家庭问卷

除了质量认证要求的问卷调查，让家庭成员分享一些关于他们自身爱好等的细节，是了解每个家庭、尊重和理解多样性的一个有用方法。你可以向新加入幼教机构的家庭传递这样的信息：每个家庭都是独一无二的。附录 C 中的"家庭调查表"可以帮助你迅速入门。

### 每日便签

确保你所在的幼教机构至少每天让年幼的儿童带一张便签回家，至少一周让学前班和大一点的儿童带一张便签回家（当然能做到每天一张更好）。这种做法需要教师花费时间和精力，但这是值得的。便签内容既可以是日常护理内容，如午睡、吃饭、换尿布或如厕练习，也可以是关于儿童的个性化信息，还可以记录儿童的学习或发现。显然，教师不可能记录下每名儿童所做的每一件事，但提及儿童发现的喜悦或他们所说的某件趣闻逸事，会让家长对儿童的一天情况有点滴了解，有助于增进家庭和幼教机构之间的关系。

### 班级公告

班级公告也很有用。对于所有年龄段的儿童（除了婴儿）来说，张贴并遵循具有一定灵活性的作息时间表是很重要的。给时间表上增添一些细节也是有意义的，例如，课程表上标明了户外活动时间，班级公告上标出了儿童用水和大刷子画画的时间。

### 存储角和信箱

每名儿童都需要一个放置可带回家的物品的地方，无论是插槽、文件夹、信箱，还是"小房间"都可以。教师不仅可以把需要儿童带回家的物品放在那里，还可以把这里作为与家庭沟通的常规渠道。父母或监护人也会习惯在那里寻找需要带回家的信息。儿童可以把自己认为重要的东西放在那里，促进家庭和幼教机构之间的关系。

为教师设置一个单独的班级信箱也很重要。在早上或晚上匆忙接送儿童的时间内，父母通常没有机会与教师进行充分交流。如果家长愿意的话，他们可以通过班级信箱给教师和自己的孩子留下信息。

### 电子邮件

电子邮件是一种重要的沟通方式，但是在儿童看护过程中经常被忽视。白天给父母发一条信息或一张照片是增进彼此关系的好方法。由于家长通常只有在接送儿童的时候才能看到他们，所以他们希望能看到自己的孩子在白天参与的活动，这样他们才能为儿童的早期看护提供更好的支持。

### 面对面交流

没有什么能代替面对面交流。每天欢迎儿童和家长来到班级是很重要的，这样做可以传达这样的信息："你属于这里，我们很高兴见到你。"家长知道教职员们很忙碌、有责任心，但在接送时间里，如果教师心不在焉，那么家长会怀疑自己的孩子是否得到了应有的关注。肢体语言传达的信息往往比口头语言更有力量，要确保你的教职员明白这一点，并注意他们与家长的沟通方式。

### 班级日志

教师之间的交流也是面对面交流的一部分。抱起儿童，听儿童说发生了什么事，然后询问教师，得到的回答是"我不知道，我当时没在旁边"，还有什么比这更让人生气的？如果一名教师在把照看儿童的责任转交给另一名教师时缺少沟通，那么他们怎么能为儿童提供必要的看护呢？看护发生脱节，家庭和儿童的利益都会受到损害。如果教师没有机会在轮班期间互相交流每名儿童的情况，那么日志记录可以让他们实现交流。快速记下，如"法兰克（Franco）今天在操场上摔倒了，是小擦伤，哭了几分钟，我给予了足够的关怀，他好了"或者"杰西（Jessie）的奶奶今天来接她，奶奶在准入人员的名单上"。这样的记录非常重要。

### 注意事项

在上述方法中，家庭与幼教机构的伙伴关系应该得到尊重。教职员分享信息，不是因为硬性要求，而是因为这对儿童是有益的。他们也不应该决定父母或监护人是否应该被告知。问问家长更喜欢什么样的沟通方式并尊重这些沟通方式，是朝着正确方向迈出的一大步。白天给家长打电话，告知儿童膝盖擦伤了或者取得了里程碑式的成就，有助于建立持续的伙伴关系。定期通知与家庭相关的活动变动是很重要的。在评估你所在的幼教机构的交流工作时，要从家长视角考虑。不应低估交流的重要性，哪怕是用简单的标识告诉家长教室在哪里。

### 简报

每月一期的简报突出了幼教机构和班级的活动，可以让家长了解在整个幼教机构中发生的事情。幼教机构可以在每个月聚焦一个或多个不同的家庭，以促进共同体的建设。

### 儿童成长档案

持续收集儿童的作品是让家长和教师看到儿童成长和发展的重要途径。如果你的幼教机构还没有创建儿童成长档案，那么补上这部分工作是很重要的。编辑整理儿童成长档案将占用教师的一些时间，但其回馈给幼教机构和家庭的远多于此。

### 会议

为家庭和教师安排有重点的会议，讨论儿童的成长和发展是所有高质量幼教机构不可缺少的内容。一些会议可以邀请儿童参加，让他们参与讨论。

会议通常被认为是教师向家长描述儿童取得的进步、兴趣的机会。把它当作伙伴之间的对话，怎么样？如果家庭成员、教师和儿童可以坐下来分享信息，那么就可以把支持儿童的成长和发展作为一个持续性的过程，而非终点。对话具有与众不同的合作基调。如果儿童面临任何学习或行为上的挑战，那么对话就更重要。合作的伙伴关系非常关键。

### 开放性原则

开放性原则对于保持良好的沟通是必不可少的。确保父母可以随时看望或观察自己的孩子，能不定期与孩子的照看者进行交谈，这有助于建立彼此相互信任且均衡对等的伙伴关系。

### 家长委员会

家庭是否有机会为幼教机构做出贡献？家庭成员是否每月聚会一次或计划一些活动，如年终聚餐、服装玩具展示或者答谢会？需要明确的是，家长委员会不是去改变幼教机构的相关政策，而是支持幼教机构的工作并减少潜在分歧，这是成立家长委员会的意图。

### 定期调查

确保父母有定期进行匿名反馈的机会（如果他们愿意的话），通常只有最高兴或最不高兴的父母才会愿意当面表达。其余家长呢？给予家长这种机会并对他们的反馈做出反应是建立积极伙伴关系的一部分。有关示例表单，参见附录 C 中的"家长调查表"。

### 与其他家庭联系

家长不仅能从与幼教机构的交流中收益，还能从与其他家长之间的交流中受益。家庭之间的交流方式包括如下几种。

- 每月推荐一个家庭。
- 将原有家庭与现有家庭建立联系，以现有家庭作为参照，甚至作为导师或欢迎者。
- 通过简报或家庭公告栏分享家庭信息。
- 用公告板共享信息。
- 为了一些特殊的目的，把大家聚在一起，如让家长知道他（她）的配偶接受了幼教机构的某项任务、他（她）的配偶在家里需要一些支持、家里迎来了一名新生儿或一个家庭正在提供宠物看护等。

### 家长志愿者

如果你的幼教机构像合作社一样运作或者有家长志愿者主动帮助，那么你就领先了一步。如果你的幼教机构还没有开展这些实践，那你还在等什么呢？让家庭成员为道具盒收集物品、让志愿者为项目准备材料（如剪切不同形状的物品或把物品剪成薄片）、让家长将撕破的书带回家并用胶带修补或者邀请家长参观教室并给儿童讲一个故事，这些都是微小但非常重要的贡献。

### 家长演讲者

在教职员会议上，家长往往是最有影响力的演讲者。曾有一些幼教机构邀请新生儿父母讲述自己与陌生人一起送孩子时是什么样的感觉，或邀请一名漫画家讲授艺术知识，或邀请一名护士谈论过敏的问题，这些活动开展的可能性很大，家庭成员往往非常愿意参加。家长之间也可以互相帮助，如作为投资经纪人的家长可以举办一个工作坊，讨论如何为将来的开销（如上大学）存钱；从事医疗工作的家长可以举办有关疾病预防的工作坊。这些现有的免费资源可以帮助你实现社区建设以及建立伙伴关系的目标。

### 幼教机构活动

幼教机构举办的活动，如煎早餐饼、儿童表演、节日社交、社区健康博览会或马拉松，既加强了机构与家庭的联系，又强化了社区意识，让父母为儿童生活做出贡献。策划和组织这样的活动是发挥家长委员会职能的好机会。幼教机构的负责人不需要包办所有的事情，但是要记住不同家庭的需求和儿童的不同发展阶段。让儿童坐着看几个小时的节目，显然没有考虑到他们的注意力不能持续太长时间。不如举办一个家庭聚会以庆祝新年，儿童可以随着自己最喜欢的音乐载歌载舞。

### 假期

通过问卷调查，你可以确认节日庆祝活动是被允许的。心形物和三叶草是可爱的装饰品，但它们不能教会儿童任何知识，反而家庭成员共享的烹饪项目或民族游戏能教会儿童很多东西。因此，考虑一年中家庭和儿童的需求并明智地做出选择，挑战自己的预设和习惯，会为你带来更多的学习机会。

就是这么简单。在你的幼教机构中，家庭参与并不一定需要精心设计、耗费时间或充满压力。相反，家庭与幼教机构应该是一种无缝衔接的伙伴关系，以支持幼教机构的发展，并成为幼教机构的自然组成部分。

## 社区参与

社区参与同样很简单。以下是一些有效的方法。

### 实地考察

把儿童带到社区或将社区介绍给儿童是建立联系的良好方法。在《早期教育指导方案》（*Solutions for Early Childhood Directors*，2003）中，凯茜·李（Kathy Lee）建议带儿童考察当地的机构，如面包店或养老院。儿童在那里可以认识新朋友、发展技能，建立属于他们自己的关系网。图书馆、消防部门、社区中心、公园、餐馆、园艺中心、银行，甚至杂货店都是很好的学习场所。凯茜·李鼓励教师在过程中拍照留影，并在活动结束后将照片寄给考察过的机构。从长远来看，他们可以享受实地考察带来的好处。实地考察不一定要去有水上滑梯或游乐园的地方。这样的考察虽然有趣，但不利于儿童的发展和学习（有时也不安全）。社区资源很丰富。同样地，教师通过邀请社区人员到幼教机构进行参观巡讲，也可以给儿童提供"实地考察"的机会。

一定要对所有的社区参与者表示感谢。这是儿童学习的重要实践，扩展了学习和体验的范围。将儿童的艺术作品（可以与社区活动相关，也可以不相关）作为回馈。将儿童自己写的感谢信或制作的图片送给参与社区活动的人，这些物品也会得到他们的特别珍视。试想，如果一名儿童走进他们参观过的一家银行，看到自己的艺术作品被展示在墙上，那该有多棒。

### 社区培训者

我们在前面提到了在教职员大会上邀请家庭成员担任演讲者，社区成员也可以提供同样的服务。许多社区成员会很高兴地接受幼教机构提供的机会。当地的牙医会告诉儿童如何为他们的第一次牙齿检查做准备，五金店的老板会为儿童提供一个工作坊。可以利用当地大学的丰富资源，如医学院牙科专业的学生可能非常希望参与到幼教机构的活动中，而这能帮他们获得学分。

### 社区活动

随时了解社区活动并参与其中。无论是当地的集市还是马拉松活动，幼教机构都应积极参与并做出贡献，这既是在为儿童树立良好的榜样，也是以一种积极的方式提高机构声誉。

### 社区志愿者

和家庭志愿者一样，社区志愿者也很有用，如某家幼教机构让来自当地救助中心的居民为他们制作儿童围兜。这既为幼教机构节省了资金，也帮助居民和儿童建立了联系。我们还看到过大学生运动员、市长和警察局长作为嘉宾到访幼教机构。发挥你的想象力。也许当地的园艺中心或花店会帮助你教儿童种花，健身中心会提供免费的亲子课程。时刻把安全放在心上，意识到社区志愿者为儿童和他们的家庭提供了独特的经历和体验。

### 社区资源

所有的幼教机构都可以从捐赠的物品中获益，既能节约成本，又能满足对开放式材料的需求，还可以回收或再利用。在社区中找到这些资源比你想象的要容易，如从当地的门窗制作商店可以找到垫板残余物；去五金店要到剩余的地毯、塑料管道或其他建筑材料；出售露营用品的商店可以提供废旧的微型帐篷模型；到胶片加工车间收集没有用过的胶卷罐；等等。

### 便利服务

与社区合作应该是有趣和有益的，可以使家长的生活更加便利。在你的幼教机构中，当地干洗店的工作人员是否可以受家长委托接送儿童？理发师能在早晨为儿童理发吗？充分利用幼教机构、社区的资源。如果该地区提供免费的健康或其他方面的检查，请将这些资源纳入你的幼教机构资源体系中。如果一些社会服务组织能支持儿童的学习或应对挑战，努力与它们发展合作关系。对促进儿童发展而言，迈出这一步至关重要。

### 分享你的资源

不要只看到你如何从社区中受益，也要考虑你如何为社区贡献力量。你能在社区活动中发表演讲吗？你能为社区活动或会议提供场地吗？你可以组织烘焙义卖或马拉松活动为社区筹款吗？

### 笔友

培养儿童读写能力的一个好方法就是把这些技能运用到实际生活中。写信、阅读信件、通过文字进行双向沟通，都是非常宝贵的经验。如果儿童能从中学习或结交到社区新朋友，那么这个过程就更加有意义。虽然我们通常所说的社区是指当地的一个实体，但在某种情况下，它也可以是更加广泛的国际社会。不同幼教机构中的不同儿童来自不同地区（从城市到农村、从南部到北部、从海滨到平原），他们可以成为笔友。

以上仅是一些可能性和机会。当然，还有很多让家庭和社区参与到幼教机构中的方式。最重要的是把所有的可能性视为机会而非任务，这有助于促进幼教机构的发展和儿童学习，从而帮助你建立一个富有活力并受人尊重的幼教机构，而幼教机构本身也是社区的重要组成部分。

建立这些关系听起来很容易，但实施起来还是不小的挑战，尤其是当它变成一项新的尝试时。每月履行承诺是分步骤建立伙伴关系的最佳方式。

# 行动建议　家庭和社区的参与

每月一次或每季度一次的家庭或社区活动可以包括如下内容。

## 5月

家庭联系：在中心花园进行种植。

社区联系：为中心花园募捐，在活动结束后向儿童发放照片和感谢卡。

## 第一季度

家庭活动：为家长安排一个晚间聚会，在周五帮他们照看儿童。

社区活动：计划到当地对口援助的社区进行一次实地旅行；让居民给儿童讲故事。

做好相关活动的记录，如传单、图片、信件、材料等，确保这些活动产生长期持续的影响。尽管你有可能是第一次努力达到第三方质量认证体系的标准，但制订每月计划应该成为长期习惯。做好计划并把你的承诺张贴在公告板上，提醒自己注意它们有多重要。没过多久，你就会很自然地思考如何将家庭和社区工作放到自己的计划当中。

参阅附录C的"家庭及社区活动策划表"，有助于你规划自己的家庭及社区活动。

### 阳光儿童发展中心

在教职员大会上，教师提出了许多如何让社区和家庭参与的想法。马撒很高兴所有的教师都能参与进来。他们有一些富有创造性的想法，甚至自告奋勇要计划和组织一些活动。例如，肖德拉班上一个孩子的祖母主动提出可以为中心缝制毯子或其他物品。玛格达主动询问在当地一家银行工作的姐姐，是否可以在他们的陈列柜里展示一些孩子的艺术作品。马撒在会议结束时列出了一个建议清单，其目的是让幼教机构的家长们参与进来，成为社区工作中积极的一员。她觉得这些想法很快就会产生积极影响。一些教师提议第二天设立一个公告栏，展示他们一致认可的活动有哪些。

# 第四部分
## 接下来做什么？

目前，你已经完成了自我评价工作，提交了文字材料。现在要进行现场评估访问了，你准备好了吗？那么，现在该做些什么呢？

等待来自第三方质量认证体系反馈的最后评估结果可能需要几个月时间，这种等待与自我评价一样让人伤脑筋。对你来说，维持已经达成的高质量教育水平，是一个挑战。你很容易失去在自我评价过程中持续的热情和专注力。下面两章将着重阐释在你接到评估结果后如何保持热情并做得更好。

# 第十二章　现场评价考察

### 阳光儿童发展中心

马撒和她的助手乔治娅都感到非常兴奋！昨天，她们去邮局向认证协会邮寄了文字材料。今天，她们坐在马撒的办公室里。乔治娅问："我们今天要做些什么呢？"

马撒思考了一会儿，说："我想我们可以……嗯，说实话我不知道。看起来，我们已经完成了所有的事情。我们全部的活动都已经完成。我们的班级活动看上去不错，教师们从未比现在更好，我们的材料收集工作也已经结束了。"

乔治娅坐在椅子上，不确定地问道："真的没有什么需要我们去做了吗？"

你如何回答这个问题呢？

如果你回答"不，总有一些事情还需要我们去完成"，那你就走上正确的道路了。你和马撒一样处于等待阶段，但其实还有很多现场考察的准备工作要做。在自我评价阶段，你已经关注到幼教机构质量水平的提升。尽管我们不以考试为目标，但是花费时间去准备仍然是一件非常值得期待的事情。

## 为考察做准备

完成自我评价的目的之一，是提高幼教机构的保教质量水平。在整个过程的最后几个月，你也确实看到了保教质量水平的提升。自我评价是一个让人感到激动、有趣并且充实的过程。你所设计的活动也会给实际利益相关者带来许多好处。自我评价的第二个目的，是为了迎接现场评估考察。如果自我评价的每个步骤都认真顺利地完成了，那么你就为现场评估做好了准备。不过，第三方质量认证体系的评估员并不会在你完成自评后马上出现在你的幼教机构门口。从自我评价完成到进行现场考察，往往需要几个星期或几个月的时间。你要做的是利用这段时间做有意义的事情，将专注力放到工作上，这样才能继续保持在自我评价过程中持有的热情以及已达到的质量和水平。

在为第三方质量认证进行现场考察做准备时，你需要考虑以下 10 件事情。

1. 关于第三方质量认证进行现场考察，他们会怎样和我交流？

2. 如何对考察进行安排？

3. 我知道确切的考察日期吗？

4. 在现场考察期间，第三方质量认证体系的评估员会做些什么？

5. 在现场考察期间，幼教机构的管理人员扮演什么样的角色？

6. 在那一天，教师需要做些什么？

7. 评估员想要看见什么样的文字材料？

8. 第三方质量认证体系对于符合各项标准的证明材料，是否有特别的要求？

9. 我应该怎么做，才能让教职员做好现场考察的准备？

10. 我应该如何做好现场考察准备？

当你申请进行现场考察后，第三方质量认证机构会对你进行相关指导。也有一些质量认证机构会指派专人到你的幼教机构中，帮助你解答相关问题。还有一些人会让你独立解决这些问题。不管第三方质量认证体系是如何运作的，你的责任是去研究这些，以确保自己已经完全准备好了。

让我们看看迎接现场考察的好做法有哪些。

## 与第三方质量认证体系组织进行交流

在这个阶段，你需要和第三方质量认证体系组织建立联系。很多组织都会有专门的人员在此阶段协助幼教机构完成工作。

## 行动 23 联系信息 ------------------------------------------------

抽时间去寻找以下信息并记录在笔记本上。

组织名称：_____

_____

联系人（可能是多个人）：_____

_____

电话号码（可能是多个电话号码）：_____

_____

地址（可能是多个地址）：_____

_____

最有效的联系方式：_____

_____

在决定与谁沟通联系以后，确定还需要搞清楚有些什么事情。自我评价材料可能包含一些关于现场评估的有价值的信息。你的第一项工作是去全面地了解它。假如你仍然对一些事情模棱两可，那么就将它写到笔记本上。

_____

_____

_____

_____

_____

和你的联系人取得联系，咨询问题，将得到的答案写下来，同时记下联系人姓名和交流日期。如果你们通过邮件联系，请保存邮件的回复内容，将此作为你的参考和交流证明。

### 保持教职员的注意力

在自我评价阶段取得的高水平保教质量，需要维持到现场考察及之后的日子里。目前来说，最好的方法就是为教师们设定短期目标和任务，给予他们磨炼技能的机会。将下个星期或下个月中你需要他们注意的事情进行分解，将这些事情编制成"每周任务"。附录 D 中提供了一些现成的可供参考的项目，即"迎接现场考察与评价的教师工作 1、2、3"。

### 组织新入职教职员进行培训

要为新入职教职员介绍第三方质量认证体系，对这件事情做好安排。确保这是他们入职培训的一部分，这会让他们从一开始就走上正轨，尽量减少幼教机构在保教工作方面的不足。

### 每天都执行计划

了解幼教机构的进展状况，最好的方法是了解活动计划进展如何。像评估员一样思考，保证每天按计划行事。敏锐地发现教师取得的成绩和实践中发生的变化，承认和奖励他们。注意弱势领域，尽快针对这些领域开展工作。经常深入现场，保持高标准，也让每个人都保持努力达成目标的状态。参考附录 D 中的"每日巡查表"，在执行计划时使用它，列出具体要点，制订切实可行的行动计划，确保你每天都能对弱势领域进行改进。

### 更有条理

作为团队中的领导者，你要尽可能让自己有条理，你要做大家的榜样。如果你有条理、有准备、很冷静，那么其他人也会变得和你一样。

## 行动 24　整理清单列表

看看自己的办公室，思考以下问题。

☐ 材料是最新的吗？

☐ 你可以在 30 秒内找到任何一个文件吗？

☐ 第三方质量认证机构评估员需要审核的文件是否已经整理好了？

☐ 材料是不是条理分明、逻辑有序？

☐ 教职员和儿童档案都完整吗？

☐ 你有 B 计划吗？万一哪名教师在现场考察那天生病了，怎么办？

☐ 你是否确保每名教师都为现场考察做好了准备？他们准备好接受第三方质量认证机构评估员的访谈了吗？

☐ 如果有需要，你准备好接受访谈了吗？

如果你对任何一个问题回答了"不"，那么这就是你需要继续努力的地方。不要慌张！每次只考虑一种情况，做一个计划来帮助你实现，然后付诸行动。现在，你已经很擅长制订和实施计划了，但不要忘了在前面的工作中学到的技能。

## 与同行对话

显而易见，你的幼教机构肯定不是第一个接受现场考察的机构。这意味着一定会有其他幼教机构接受过现场考察，并有他们自己的感受。如果你能接触到经历过这一过程的幼教机构负责人，那么是时候听听他们的意见了。如果在你的朋友圈里没有这样的人，你可以通过下面的方法找到他。

请回到行动 5，你曾经在那个行动中已经列出了那些已经通过质量认证的幼教机构管理者名单，再次联系他们并重新介绍你自己。无论你找到的人经验是否丰富，把他们邀请到你的幼教机构来，向他们展示你的班级，询问他们的意见，了解他们在现场考察期间发生的事情。请他们列出最需要注意的 5 件事。如果他接受过面谈，也请他聊聊相关情况。

## 现场考察

每一个第三方质量认证体系都会有一些针对现场考察的特别要求，但也会有一些共性要求。

- 第三方质量认证机构的评估员会在现场评估你的幼教机构是否符合标准。
- 评估员的责任是记录幼教机构符合标准的程度，而不是记录儿童当天的表现。
- 评估员对选择的班级进行观察，而不是所有的班级。
- 评估员会寻找多种证据，以便确认你的幼教机构是否符合标准。
- 证据有多种形式，如现场观察、环境评价、文字材料或教职员访谈。
- 评估员会根据第三方质量认证体系的标准，考察幼教机构的制度和程序。
- 在现场考察过程中，如果评估员发现有严重违反标准的情况，那么有可能当场终止现场评估。
- 在现场评估结束后，评估员可能会针对评估过程中的发现进行一定的反馈。

## 交流反馈以及对教师访谈

一些第三方质量认证机构的评估员会在评价后与你进行交流反馈，大多数情况下是对当天的评估过程进行回顾，以确保幼教机构未来能够继续遵循所有的标准，另外解决一些重要的问题。一些评估员也会用这段时间汇报评估情况，幼教机构管理者有机会回应评估员提出的问题。

在评价现场，评估员只会记录他们观察到了什么，不会提出假设或者是做出某种决定。如果你发现有一些标准没有达成而需要说明时，你应该立即进行解释，而不是进行辩解。例如，如果评估员表示没有看到儿童在感官桌前洗手，那么你的回答不应该是这样的：

"之前从未发生过这样的事，每次审批检查的时候我们都能通过，这条标准肯定能达到。"

相反，你的回答应该是这样的：

"我们对所有的教职员进行了如何洗手的培训。所有教室也张贴了洗手的步骤图。我们会在下一次教职员会议中强调洗手这一问题。"

通过这样的回应，评估员将知道你现在在做什么，以及知道你计划如何解决这个问题。如果按第一种方式回应，他们就不会知道这些。

评估员可以在交流反馈阶段或者考察后，通过电子邮件向机构主管发放一份问卷调查表，询问你对现场评估的感受和意见。完成这些表格很重要，它不会影响评估结果，但能为第三方质量认证体系提供有价值的信息，以继续改进他们的体系。万一将来要对评价结果进行申诉，这些问卷调查表也可以作为佐证。

有时，评估员也会对教师进行访谈。如果第三方质量认证体系采用这种方法，那么资料上会有说明。教师应该提前准备，考虑如何更好地交流。这说起来容易，做起来难。要做到熟能生巧，就要求教师花时间思考如何回答下面这样的问题。

- 你的行为指导方法是什么？
- 你如何支持儿童阅读能力的提升？
- 在室内活动中，你为儿童提供了哪些促进其发展的机会？

专门思考怎么回答这些问题可能有点奇怪，但这有助于教师为现场评估做好准备。附录 D 中的"每日巡查表"为回答这些问题提供了建议。

## 对结果的回应

对现场考察结果做出适当的回应至关重要。不管是不是好消息，你的幼教机构所做的回应（无论是在语言上还是在行动上）对于保持你在自我评价过程中的高质量和高水平都很重要。好消息并不意味着工作的结束，实际上恰恰相反。在接下来的一段时间内，长时间地保持较高的水平是最大的挑战。

同样，坏消息并不意味着彻底失败。有时，坏消息是非常有用的。如果你能够认真对待，坏消息往往可以引领幼教机构走向成功。

### 认证

如果你的幼教机构接受的是国家层面的认证，那么结果可能是以下其一：已认证、延期 / 待定、拒绝。

### 已认证

你的幼教机构已经满足了该质量认证机构要求的标准并获得了该机构的质量认证。你将在特定年限里具有认证状态。在此期间，你必须每年提交一份报告来说明自己的幼教机构的改变和改进情况。在这段时间内，你还可能会接受一次未经事先通知的现场考察，以确保你的幼教机构仍保持着认证体系所期望的质量和水平。

### 延期 / 待定

你的幼教机构已经达到了质量认证机构要求的大部分标准，但是你的幼教机构的一些表现不足以证明关键因素的存在。质量认证机构会给你一次机会，让你在一段时间内提交缺失的证据。如果他们接受了你提交的内容，那么你的幼教机构就能通过质量认证。在某些情况下，质量认证机构可能会对你的幼教机构再进行一次现场考察。在通过质量认证后，你的幼教机构必须每年提交一份报告，说明在整个质量认证期内你的幼教机构的改进和变化。

### 拒绝

你的幼教机构没有提供足够的证据证明其符合该质量认证机构所要求的大部分标准。在现场考察期间，如果出现重大的负面情况（如违反审批考察规定的要求），那么质量认证就可能被拒绝。

如果质量认证被拒绝，那么质量认证机构通常会发送一份报告，概述未满足的标准以及改进建议。建议你重新进行自我评价，并在新的自我评价完成后重新申请现场考察与评价。如果你认为受到了不公正的待遇，那么质量认证机构会提供申诉程序。你可以通过该程序陈述情况，请求对现场考察结果进行复议。复议之后的决定是最终决定。如果质量认证仍然未通过，那么你需要重新开始自我评价。

## 评级系统

如果你的幼教机构采用了《环境评价量表》或质量评定系统，那么评价结果通常以等级的形式出现。在这种第三方质量认证体系中，你不会得到拒绝的结果，但会获得一个特定的等级。许多地区都有星级或分级评级系统，幼教机构达到的等级取决于该幼教机构在多大程度上满足了标准。在这样的体系中，研究每个等级或级别代表怎样的水平非常重要。可能有些最高等级对你的机构而言，是无法达到的。即便是低一个等级，也不意味着质量不高。在有的地方，获得国家层面质量认证的机构可以自动获得地方的评级体系的最高评级。应该研究这些等级，弄清楚它们的要求，了解当地其他高质量的幼教机构正在达成什么样的目标。

无论你的幼教机构接受的是《环境评价量表》这样的评价，还是其他类型的质量评级体系，了解评级意味着什么是很重要的。例如，如果你的幼教机构接受的是一个有着等级从 1 到 5（1 是最低等级，5 是最高等级）的质量认证体系，而你总体等级是 3，那么很明显你的幼教机构还需要进一步努力。下一级别的标准可能会超出了你的可控范围。庆祝自己已经取得的成绩，了解幼教机构获得的发展，然后把目光投向下一级别。

第三方质量认证机构通常会提供一份反馈报告，向你解释评价结果，告知接下来要关注的弱势领域。这是一份有价值的反馈报告，可用于规划下一步的发展。现场考察应该能说明你在未来几个月需要集中精力突破的领域。反馈报告可以从班级层面进行阐释，或者根据标准进行整体阐释。这些信息能帮助你厘清下一步应该如何做，以保持已经获得的等级。

# 第十三章　保持质量标准

## 阳光儿童发展中心

　　乔治娅在一堆信中发现了一封来自美国认证协会的信。她紧握信件，冲到走廊去找马撒。距离她们的现场考察已经过去快三个月了，她们正焦急地等待这封信。"马撒，快看，我想我们的结果就在这里面。"乔治娅平复呼吸后说。马撒停下手头的工作，小心翼翼地从乔治娅的手中接过信，说："到我的办公室再打开它。"

　　马撒撕开信封，打开这封信。她快速浏览内容，寻找关键字。

　　"怎么样？"乔治娅问道。

　　马撒看着她，哽咽着说："乔治娅，我们做到了！"

　　提高幼教机构的保教质量，是进行第三方质量认证的众多原因之一。这个过程中的收获是很多的。保持高质量运转具有挑战性，尤其是要长久地保持这种水准。在追求高质量的过程中，幼教机构通常将通过质量认证作为最后一步，但其实它只是开始。

　　幼教机构通过质量认证后，将得到一份总结机构优势领域的反馈报告。第三方质量认证机构认为，至少在整个质量认证期间应该保持这样的水平。报告还会列出你的幼教机构应该继续改进的领域。你需要向质量认证机构提交一份如何保持质量并改进工作的年度报告。显然，不能只是把质量认证证书张贴起来或把反馈报告归档就结束了。

　　如果你的幼教机构接受的是《环境评价量表》或者是其他评价等级的认证，那么等级结果暗示了你的幼教机构的优势及劣势。这些第三方质量认证体系同样期望你制订计划以维持现有等级，并且在较弱的领域取得进一步发展。

无论哪种情况，你的幼教机构都需要努力在现有基础上继续保持发展。在这一章中，我们将重点关注一些实用的方法，以帮助你顺利完成接下来的事情。

# 走上轨道

现场考察已经结束了，你的压力程度已经显著下降了。如果你的幼教机构跟马撒的幼教机构一样幸运，那么它就能成功通过第三方质量认证。正如我们所知，要想继续保持高质量，这才仅仅是开始。到目前为止，你做得怎么样？

## 行动25 质量认证后测验

完成这个测验，可帮助你了解自己幼教机构通过质量认证后的表现如何。请将你的答案记录在下面。

表13-1 质量认证后测验表

| 项目 | 是 | 否 | 不清楚 |
| --- | --- | --- | --- |
| 1. 参加现场考察的教职员目前仍然在职 | | | |
| 2. 教师们正在向符合资格标准的方向继续努力 | | | |
| 3. 我的助理教师正在向符合资格标准的方向继续努力 | | | |
| 4. 班级教学具有发展适宜性，包括：真实生活的照片和道具；有趣并可多样化选择的儿童读物；体现多元文化的物品，适合儿童年龄；在儿童的视线范围内展示他们的作品；为家长提供有关课堂活动、课程安排以及儿童学习进度的资料；安排有趣的、适合儿童的区角活动；创设丰富的学习环境；在儿童主导和教师主导的活动之间取得平衡 | | | |
| 5. 我们的幼教机构继续保持高度清洁 | | | |

| 项目 | 是 | 否 | 不清楚 |
|---|---|---|---|
| 6. 我们的安全措施仍符合标准 | | | |
| 7. 我的教职员能够回应儿童及其家人的需要 | | | |
| 8. 教师与儿童的互动是充满关怀、礼貌的，教师鼓励儿童与同伴以自己的方式进行开放式对话 | | | |
| 9. 教师定期在自然情境中观察和评估儿童的表现 | | | |
| 10. 日常证据显示，每个班级都完成了教育目标，我们能看到教师给儿童提供了探索、提问、发现、解决问题和自主活动的机会 | | | |
| 11. 儿童是快乐的、投入的，与所处的学习环境、其他儿童、成人进行有效互动。教师明确指导并帮助儿童实现这一目标 | | | |

# 保持在轨道上

定期回顾质量认证标准，是保持高质量不可或缺的做法。如果你发现了松懈迹象，那么就需要立刻采取措施。一个有效的措施遵循以下 3 步：观察、实施、跟进。

## 观察

围绕一个特定的主题制订符合标准的检查清单，如课程、师幼互动、健康、安全等。每次给教职员提供一份检查清单。每月至少一次用检查清单观察幼教机构的各项活动，检察是否存在质量下滑或不足的迹象。

## 实施

基于上述观察结果，制订可行的行动计划，一定要明确最后期限。向所有参与计划实施的教职员提供反馈，明确清楚地告知他们你的期望以及你期望完成的时间。

## 跟进

跟进教职员的工作，确保其按计划实施。跟进是成功的关键。通过管理部门持续不断地进行班级观察，可以帮助教师和管理人员保持对第三方质量认证标准的关注。要求教师定期评估自己的班级，以保持高水平。你的目标是继续保持现场考察当天所展示出来的水平。你要相信自己的幼教机构是可以做到的！

以下是帮助你实现目标的建议。

### 使用工具

每个第三方质量认证体系都会有你可能需要的工具。回顾自我评价材料。创建一个可以较长时间使用的时间进度表，在此期间你和教师可使用这些工具来评估自身质量水平。请遵循观察、实施和跟进这 3 个步骤来解决问题。

### 调查、调查、调查

想知道你做得怎么样的最好方法就是去询问你正在服务的人。重新使用第三方质量认证体系中关于教职员与家庭的调查材料。随机抽取家庭和教职员调查样本，使用自我评价材料中的工具开展调查。基于调查结果制订计划（包含最后期限），纠正发展中的不足。

### 向新入职教职员介绍标准

制订一个向新入职教职员介绍第三方质量认证体系标准的计划。当你聘用新员工时，牢记对教师的资格要求。在访谈的过程中，可以和其讨论通过第三方质量认证的重要性，取得他们的认可。在聘用新教职员之后，向他们介绍标准，根据需要进行适当的培训。

### 确定导师

循序渐进。确定哪些教师可以根据标准指导新入职教师。经常与新入职教师联系，确保他们的理解和执行是正确的。根据需要指导他们实施和贯彻标准。

### 培训

利用一切机会去培训你的教职员。从教职员会议到工作坊，培训是提高和增强技能的有效途径。树立一个你期待的班级典范，使用现场培训技术，确保教职员可以履行自己的职责。随时了解每个人专业发展的进步程度，鼓励教师加强专业学习。

# 第三方质量认证体系材料要求

在收到认证结果时，你应该能同时收到有关每年提交材料的要求（如果有此项要求的话）。每个第三方质量认证体系的要求是不同的。为了帮助你更清楚需要什么，请完成下面的内容。

## 行动 26　通过质量认证后的材料要求 ·······························

第三方质量认证体系的名称：＿＿＿＿＿＿＿＿＿＿＿＿＿＿＿＿

＿＿＿＿＿＿＿＿＿＿＿＿＿＿＿＿＿＿＿＿＿＿＿＿＿＿＿＿＿

联系人详细信息：＿＿＿＿＿＿＿＿＿＿＿＿＿＿＿＿＿＿＿＿＿

＿＿＿＿＿＿＿＿＿＿＿＿＿＿＿＿＿＿＿＿＿＿＿＿＿＿＿＿＿

电话：＿＿＿＿＿＿＿＿＿＿＿＿＿＿＿＿＿＿＿＿＿＿＿＿＿＿＿

传真：＿＿＿＿＿＿＿＿＿＿＿＿＿＿＿＿＿＿＿＿＿＿＿＿＿＿＿

邮箱：＿＿＿＿＿＿＿＿＿＿＿＿＿＿＿＿＿＿＿＿＿＿＿＿＿＿＿

认证有效期：＿＿＿＿＿＿＿＿＿＿＿＿＿＿＿＿＿＿＿＿＿＿＿＿

年度文件要求：＿＿＿＿＿＿＿＿＿＿＿　截止日期：＿＿＿＿＿＿＿

年度文件要求：＿＿＿＿＿＿＿＿＿＿＿　截止日期：＿＿＿＿＿＿＿

年度文件要求：＿＿＿＿＿＿＿＿＿＿＿　截止日期：＿＿＿＿＿＿＿

年度文件要求：＿＿＿＿＿＿＿＿＿＿＿　截止日期：＿＿＿＿＿＿＿

何时开始重新认证的自我评价：＿＿＿＿＿＿＿＿＿＿＿＿＿＿＿＿

何时递交重新认证的材料：＿＿＿＿＿＿＿＿＿＿＿＿＿＿＿＿＿＿

# 享受益处

保持高质量是幼教机构能够做到的最有价值的事情之一，它能促使你保持从事幼教工作的初心。在自我评价过程中，你很容易迷失在烦琐的步骤和清单中。要试着跳出来，想一想在质量认证前后，你的幼教机构发生的重大变化。

通过第三方质量认证的益处不是短期的，也不是挂在墙上的那一纸证书。它对儿童成长产生的积极影响是显而易见的：获得有意义的学习经验，扩大儿童成长及发展机会，聚焦教学和培训，关注儿童个体需求、与同伴及成人的游戏及互动，培养有价值的生活技能。教师同样也在很多方面受益，获得更多的专业发展、更强的教学技能，对儿童发展获得更深的理解，拥有令人满意的工作环境，获得向同龄人学习、与家庭及社区联系的机会。

这些积极的方面还可以使整个幼教机构的儿童受益。在满足儿童的情感、社会、身体和认知方面，家庭成员也能够达成一致的意见，其收益是不可估量的。当家长把他们的孩子交给你照顾时，你的幼教机构就成为抚养和教育他的孩子的一员。教师作为专业人员，与家长一起，共同为儿童发展做出贡献，为其创造良好的学习环境，奠定终生发展的基础。

如果你的幼教机构和家长一起达成了这些目标，即便是一些小目标，那么也算完成了任务。第三方质量认证帮助你找到了幼教机构取得成功的最佳途径。这并非易事，你应该为此感到高兴。如果通过第三方质量认证是容易的，岂不是每家幼教机构都能做到？只有全心全意支持儿童成长的幼教机构才能达成目标。

祝愿你在未来取得成功！

# 附录 A
# 为质量认证做准备

了解周围其他幼教机构的质量认证情况

第三方质量认证体系信息

学习风格测验

职业发展规划表

职业发展规划表（含目标）

# 了解周围其他幼教机构的质量认证情况

了解你周围其他幼教机构参与质量认证的情况，然后填写此表格。

| 机构名称 | 联系方式 | 联系人 | 质量认证情况 |
|---|---|---|---|
| | | | |
| 你通过质量认证多长时间了？ | | | |
| 你为什么会选择质量认证？ | | | |
| 幼教机构通过质量认证后获得哪些好处？ | | | |
| 家长对质量认证是如何看待的？ | | | |
| 教职员对质量认证是如何看待的？ | | | |
| 你会再次选择质量认证吗？为什么？ | | | |

# 第三方质量认证体系信息

针对你考察的第三方质量认证体系填写此表格。

| |
|---|
| 第三方质量认证体系名称: |
| 网址: |
| 电话号码: |
| 收费情况: |
| 需要提供的材料: |
| 培训要求（如有）: |
| 需要提供的自我评价材料: |
| 现场考察: |
| 自我评价步骤: |
| 文字材料要求: |

| 自我评价时间: | 额外的预访要求: | 审批评估要求: |
|---|---|---|

| 教职员学历要求: | 机构领导学历要求: |
|---|---|

续表

主要关注点

☐ 健康与安全

☐ 课程

☐ 师幼互动

☐ 家庭关系

☐ 社区关系

☐ 教学人员

☐ 行政及一般运营事务

☐ 设施或建筑物

☐ 其他：_____

获得第三方质量认证后的年度要求

☐ 年度报告

☐ 花销

☐ 额外的现场考察

☐ 可能的临时访问

☐ 教职员培训要求

☐ 其他：_____

## 学习风格测验

| 视觉项目 | 是 | 否 | 听觉项目 | 是 | 否 | 动觉项目 | 是 | 否 |
|---|---|---|---|---|---|---|---|---|
| 我能准确地记住别人的面孔 | | | 我喜欢说押韵的儿歌和绕口令 | | | 我喜欢边活动边思考问题 | | |
| 比起听音乐或者看电视，我更喜欢阅读 | | | 我可以一边学习，一边听歌 | | | 当长时间静坐时，我常常感到不安 | | |
| 我更喜欢坐在教室前排听课 | | | 我喜欢坐在教室两侧听课 | | | 我不介意坐在教室的任何位置 | | |
| 我喜欢用便利贴 | | | 耳机是最棒的发明 | | | 我喜欢研究物体是如何运行的，然后把它们分开，再把它们放到一起 | | |
| 我喜欢用画图表的方式解释观点 | | | 我喜欢听人们讲话，尤其是当他们口若悬河的时候 | | | 我喜欢猜谜语和玩拼图 | | |
| 我喜欢在大银幕上看电影，而不是在电视机上看 | | | 相对于阅读和看电视，我更喜欢听歌 | | | 我喜欢组装和修理东西 | | |
| 我在听歌或打电话时会乱写乱画 | | | 我能听到一些其他人通常听不到的声音 | | | 我喜欢关注针织物、家具等的质地 | | |
| 我用列表格的方法去计划活动和完成任务 | | | 我很容易记住歌词和节拍 | | | 我喜欢打字，而不喜欢用笔写字 | | |

续表

| 视觉项目 | 是 | 否 | 听觉项目 | 是 | 否 | 动觉项目 | 是 | 否 |
|---|---|---|---|---|---|---|---|---|
| 当必须记住某些内容时，我会把它们写下来 | | | 当听到别人说电话号码的时候，我很容易就能记住它 | | | 我在拨打过一两次电话后，就能清楚地记住该电话号码 | | |
| 看到运动着的事物，我很容易一瞬间心烦意乱 | | | 我很容易被噪声干扰 | | | 我对气味非常敏感 | | |
| 总计 | | | 总计 | | | 总计 | | |

## 学习风格测验结果参考标准：

"是"最多的一列代表你的学习风格偏好。

"否"最多的一列代表你最不喜欢的学习风格。

你的偏好：_____

每个人都有不同的学习风格。在理想情况下，我们应该在这些偏好之间取得平衡，从而成为最有效的学习者。

# 职业发展规划表

| 姓名 | 偏好方式 | 计划 | 当前状况 |
|---|---|---|---|
| | | | |
| | | | |
| | | | |
| | | | |

# 职业发展规划表（含目标）

### 版本 1

| 姓名 | 偏好方式 | 计划 | 当前状况 | 目标 |
|---|---|---|---|---|
| | | | | |
| | | | | |
| | | | | |
| | | | | |

### 版本 2

| 姓名 | 目标 | 偏好方式 | 计划 | 当前状况 |
|---|---|---|---|---|
| | | | | |
| | | | | |
| | | | | |
| | | | | |

# 附录 B
# 质量认证过程

文字材料或证据收集

时间规划

自我评价计划进度检查清单

家庭行动计划

教职员培训计划

班级行动计划

主管行动计划

# 文字材料或证据收集

为文字材料和证据收集形成一套工作体系是很有必要的。无论你是在准备管理文件，还是在准备班级教学材料，你都需要一套工作体系。这可以确保你有足够的时间了解现状，确定继续努力的方向。

收集文字材料的方法很多，下列建议是其中一些好的做法。这并非金科玉律，但它们在很多幼教机构中运用并获得了很好的效果。

- 使用文件盒或文件夹，而不是活页夹。活页夹会限制调整的空间，有时还会影响设计，使其更像剪切簿，所以应慎重使用活页夹。
- 可以利用在线系统。例如，全美幼教协会在考察儿童成长档案时，对一些公司开发的成长档案在线系统是认可的。
- 先为相对"容易"整理的材料制订一个收集计划，然后再考虑如何收集那些更复杂、更具挑战的材料。
- 浏览每份文件，确定哪些证据最能证明你的幼教机构符合标准。为每份文件填写一份表格，如"标准评估表"（见附录 C），帮助你和评估员理解每一个证据。如果教职员也参与到这一过程中，或是参与其他的证据收集工作，那么需要帮助他们更好地理解每条标准，从而获取更多的专业知识。
- 在组织、安排现场考察的准备工作时，以评估员的视角来审视自己的工作。这样在真正的评估员来考察时，他能更容易找到和理解你提供的证据。评估员的时间有限，会面对无数的文档。显然，让他们更好地理解你提供的证据非常关键。
- 用标准编号标记所有内容。如果一份文件同时作为多条标准的证据，则应复印多份，并将其放在相应位置，这比"参见标准 ××× 获取文档"之类的标记要好很多。
- 对于某些标准，如果你没有可以用来证明的材料，那么你必须将其添加到改进或行动计划中，实现必要的改变，然后提供相应的证据。
- 照片可能非常有用，但需要你在照片旁边进行清晰记录，不要让评估员猜测每张照片要展示什么。

- 请记住，虽然评估员可能喜欢看你提供的文字材料，但他的时间是有限的，太多或太少的证据都不利于评估。对于每个标准，应把证据材料限制在 1~3 份。

- 请他人从第三者的视角来审视你提供的材料，确保内容明确易懂。

- 如果文件盒包含的内容太多，那么有些材料（如事件日志）应该提供文档位置说明，以便查找。注意，留一张便条标明"本内容可以在教室墙上看到"是不行的，因为这类证据只适用于班级现场观察。

# 时间规划

第 1 个月

 

 

 

 

第 2 个月

 

 

 

 

第 3 个月

 

 

 

 

第 4 个月

 

 

 

 

第 5 个月

 

第 6 个月

第 7 个月

第 8 个月

第 9 个月

第 10 个月

_____

_____

_____

_____

第 11 个月

_____

_____

_____

_____

第 12 个月

_____

_____

_____

_____

第 13 个月

_____

_____

_____

_____

第 14 个月

_____

_____

_____

_____

第 15 个月

第 16 个月

第 17 个月

第 18 个月

**恭喜！你已经开始自我评价了！**

# 自我评价计划进度检查清单

| 自我评价步骤 | 计划完成日期 | 实际完成日期 | 跟进笔记 |
|---|---|---|---|
| 第三方质量认证体系 | | | |
| 1. 选择 | | | |
| 2. 申请 | | | |
| 3. 阅读 | | | |
| 评价任务 1　确定文字材料 | | | |
| 评价任务 2　分配任务 | | | |
| 评价任务 3　完成文字材料 | | | |
| 计划任务 1　确定弱势领域 | | | |
| 计划任务 2　分配行动计划项目 | | | |
| 改进任务 1　制订每周行动计划 | | | |
| 改进任务 2　完成每周行动计划任务 | | | |
| 重新评价任务 1　重新查看文字材料任务列表 | | | |
| 重新评价任务 2　审查文件 | | | |
| 重新评价任务 3　重新审视你的总体计划 | | | |
| 提交现场考察与评价请求 | | | |

# 家庭行动计划

| 标准 | 行动任务 | 负责人 | 完成日期 |
|------|----------|--------|----------|
|      |          |        |          |

# 教职员培训计划

| 标准 | 行动任务 | 负责人 | 完成日期 |
| --- | --- | --- | --- |
| | | | |

# 班级行动计划

| 标准 | 行动任务 | 负责人 | 完成日期 |
|------|----------|--------|----------|
|      |          |        |          |
|      |          |        |          |
|      |          |        |          |
|      |          |        |          |
|      |          |        |          |

# 主管行动计划

| 标准 | 行动任务 | 负责人 | 完成日期 |
|---|---|---|---|
| | | | |

# 附录 C
# 质量认证内容

规定和程序

物质环境检查表

健康与安全检查表

标准评估表

师幼互动自测表

家庭调查表

家长调查表

家庭及社区活动策划表

# 规定和程序

> 许多标准都需要按规定和程序执行，思考与规定和程序相关的内容很重要。

## 规定和程序

规定和程序往往是齐头并进的。规定是规则或指导，程序是执行规定的步骤。例如，幼教机构以某个规定来保护儿童免受所有过敏原的侵害。程序是要求家长在入学时识别过敏原，在教室里贴过敏贴，就过敏原对教职员进行培训，将宠物从幼教机构带走。第三方质量认证体系的规定通常涵盖不同的主题。有时，规定对教育质量的影响是很明显的，如师德方面的规定；有时则不明显，如关于保险的规定，虽然大多数人并不反对幼教机构对参保项目提出的要求，但有些人可能会质疑这一要求跟教育质量究竟有什么关联。

对于大多数的规定和程序，有两种考虑路径。

1. 规定提供了一个安全、稳定和可预测的环境，确保将重点放在儿童学习和发展上。在没有这类规定时，幼教机构经常会因为一些辅助性问题、家庭/员工纠纷、审批许可等方面问题分心。

2. 与质量没有直接关系的规定，可以确保质量认证真正发挥作用，为保持教育质量提供保障。如购买保险、合理预算（这看似是一个与高质量无关的制度）可能并不一定意味着高质量，但如果幼教机构没有这方面的规定，能取得最高评级吗？如果班级活动很精彩，但在操场上受伤的儿童会因为缺乏保险而被医疗费用困扰；如果物质环境很丰富，但由于预算问题，幼教机构下个月就不得不关门了，那么这家幼教机构真的能以高水准运行吗？

如果你需要制订和采用新规定，那么应该用与改进班级活动水平同样的态度来对待，要将其视为一个提高教育质量的机会。制订具体化的规定并不简单，但如果将这些规定真正融入幼教机构的运行中，那么就不会显得那么困难了。

## 如何制订规定?

制订一项新规定时,应遵循以下几点原则。

- 制订一个规定模板,让大家明白这是一项规定,从而能够一致地遵守。
- 思考这项规定制订的目的和内容。
- 确保该项规定反映了幼教机构的总体使命和目标,并且不与其他规定相抵触。
- 语言要清晰、完整,确保读到它的人能完全理解该项规定的实施目的。

### 规定示例

阳光儿童发展中心要最大限度地减少传染病传播,优先考虑儿童和教职员的健康和安全。

## 怎样编制程序?

编制程序应遵循以下原则。

- 制订一个模板来区分程序和规定(程序可以是相关规定的一部分或附属于相关规定)。
- 回答"何时"和"如何"的问题。
- 确保它不与其他程序或任务、目标冲突。

### 程序示例

阳光儿童发展中心

☐ 在需要接触任何一种体液时,必须戴手套。

☐ 在教职员入职前后,每年针对普遍性预防措施对其进行培训。

☐ 每个人进楼前必须先洗手。

☐ 要遵守洗手和换尿布的规定步骤。

注:上面提到的规定和程序示例不是针对某项标准而编写的,不建议你直接照搬使用。

## 执行

设立规定和程序是一回事，落实它们则是另一回事。许多幼教机构都制订了符合标准的规定，但未能落实。一个很好的例子便是"家长和教师半年会面一次"。该规定通常是书面的，但并未得到真正的落实。如果有了规定，就必须计划如何落实，并确保在程序中明确说明。即使制定程序并不是必需的，也最好制订一个。要确保每个人都知道规定是如何落实的，这将有助于规定的实施。

## 介绍

为了介绍一项规定而特意制订一个计划，这听起来好像是"画蛇添足"，但其实是个好主意。你会在教职员会议上介绍新的规定吗？你会每年把它们写进手册吗？你会在家长园地或时事通讯上公布它们吗？要确定你介绍新规定的方式，以便教职员给予充分的关注和认可。

## 身体力行

作为幼教机构的领导和管理者，你必须树立一个好榜样。要像专家一样行动，像专家一样讲话。当有了一项规定后，你不仅应该推动其落实，更要身体力行，成为别人的榜样。你每次进教室前都洗手吗？你每月安排消防和灾难演习吗？你是否提供相关的教职员培训？你是否遵守有关师幼比例的规定？如果你遵守各项规定，不管这些规定是新制订的还是原有的，它们才更有可能被其他人快速而努力地遵行。

# 物质环境检查表

| 标准 | 观察记录 | 必要的跟进措施 |
|---|---|---|
| 教室架子上的材料充足、摆放适当 | | |
| 材料是多样化的，能为儿童不同技能的发展提供机会 | | |
| 材料保护良好 | | |
| 材料放在儿童能接触到的位置（不在有盖的箱子里或较高的地方） | | |
| 图书种类丰富，包括故事和非故事类图书，也包括教师或儿童制作的图书 | | |
| 材料涉及儿童所有学习发展领域，适合儿童的年龄水平 | | |
| 材料能满足儿童多样化的户外活动需要 | | |
| 教室被划分成不同的学习区域，允许不同数量的儿童在其中活动 | | |
| 材料贴有标签，摆放有条理，便于儿童寻找取用 | | |
| 环境创设以儿童为中心，以儿童作品、艺术创作和现实生活照片为主 | | |
| 有柔软舒适的空间供儿童玩耍和放松 | | |
| 房间布置考虑到了不同区域的噪声水平 | | |
| 当观察者进入房间后，能根据环境创设和活动看出儿童的学习内容 | | |

## 健康与安全检查表

☐ ＿＿＿＿＿＿＿＿＿＿＿＿＿＿＿＿＿＿＿＿＿＿＿＿＿＿＿

☐ ＿＿＿＿＿＿＿＿＿＿＿＿＿＿＿＿＿＿＿＿＿＿＿＿＿＿＿

☐ ＿＿＿＿＿＿＿＿＿＿＿＿＿＿＿＿＿＿＿＿＿＿＿＿＿＿＿

☐ ＿＿＿＿＿＿＿＿＿＿＿＿＿＿＿＿＿＿＿＿＿＿＿＿＿＿＿

☐ ＿＿＿＿＿＿＿＿＿＿＿＿＿＿＿＿＿＿＿＿＿＿＿＿＿＿＿

☐ ＿＿＿＿＿＿＿＿＿＿＿＿＿＿＿＿＿＿＿＿＿＿＿＿＿＿＿

☐ ＿＿＿＿＿＿＿＿＿＿＿＿＿＿＿＿＿＿＿＿＿＿＿＿＿＿＿

☐ ＿＿＿＿＿＿＿＿＿＿＿＿＿＿＿＿＿＿＿＿＿＿＿＿＿＿＿

☐ ＿＿＿＿＿＿＿＿＿＿＿＿＿＿＿＿＿＿＿＿＿＿＿＿＿＿＿

☐ ＿＿＿＿＿＿＿＿＿＿＿＿＿＿＿＿＿＿＿＿＿＿＿＿＿＿＿

☐ ＿＿＿＿＿＿＿＿＿＿＿＿＿＿＿＿＿＿＿＿＿＿＿＿＿＿＿

☐ ＿＿＿＿＿＿＿＿＿＿＿＿＿＿＿＿＿＿＿＿＿＿＿＿＿＿＿

☐ ＿＿＿＿＿＿＿＿＿＿＿＿＿＿＿＿＿＿＿＿＿＿＿＿＿＿＿

☐ ＿＿＿＿＿＿＿＿＿＿＿＿＿＿＿＿＿＿＿＿＿＿＿＿＿＿＿

☐ ＿＿＿＿＿＿＿＿＿＿＿＿＿＿＿＿＿＿＿＿＿＿＿＿＿＿＿

☐ ＿＿＿＿＿＿＿＿＿＿＿＿＿＿＿＿＿＿＿＿＿＿＿＿＿＿＿

☐ ＿＿＿＿＿＿＿＿＿＿＿＿＿＿＿＿＿＿＿＿＿＿＿＿＿＿＿

☐ ＿＿＿＿＿＿＿＿＿＿＿＿＿＿＿＿＿＿＿＿＿＿＿＿＿＿＿

☐ ＿＿＿＿＿＿＿＿＿＿＿＿＿＿＿＿＿＿＿＿＿＿＿＿＿＿＿

☐ ＿＿＿＿＿＿＿＿＿＿＿＿＿＿＿＿＿＿＿＿＿＿＿＿＿＿＿

☐ ＿＿＿＿＿＿＿＿＿＿＿＿＿＿＿＿＿＿＿＿＿＿＿＿＿＿＿

☐ ＿＿＿＿＿＿＿＿＿＿＿＿＿＿＿＿＿＿＿＿＿＿＿＿＿＿＿

☐ ＿＿＿＿＿＿＿＿＿＿＿＿＿＿＿＿＿＿＿＿＿＿＿＿＿＿＿

☐ ＿＿＿＿＿＿＿＿＿＿＿＿＿＿＿＿＿＿＿＿＿＿＿＿＿＿＿

☐ ＿＿＿＿＿＿＿＿＿＿＿＿＿＿＿＿＿＿＿＿＿＿＿＿＿＿＿

# 标准评估表

| 标准编号： | 类别： |
|---|---|
| 标准实施目的（自我评价以及和教职员的讨论结果）： | |
| 如何达到标准（对标准的实际落实）： | |
| 可观察到的证据（如适用）： | |
| 文字材料（如适用）： | |
| 行动计划（如适用）： | |

## 师幼互动自测表

师幼互动是最重要和最有效的教学方式之一。关于师幼互动以及如何在班级中有效地使用它，还有很多东西需要学习。这个测验将帮助你知道自己处于何种水平，下一步应该做什么。

| 表现 | 是或大部分时间是 | 没有或几乎没有 |
| --- | --- | --- |
| 在午餐和点心时间，我和孩子们坐在一起聊天 | | |
| 我允许孩子自主选择 | | |
| 我每天给孩子们至少读两次书 | | |
| 我给孩子们唱歌 | | |
| 我和孩子们说话时，目光会与他们的视线齐平 | | |
| 我通过提问了解孩子在想什么 | | |
| 我通过提问了解孩子学到了什么 | | |
| 我通过提问让孩子了解自己 | | |
| 我会热情地与来到班级中的孩子、家长和参观者打招呼 | | |
| 在日常护理时，如洗手和换尿布时，我会和孩子聊天 | | |
| 在说话时，我会斟酌自己的语言 | | |
| 我会使用方位词（如下面、前面、旁边） | | |
| 我一般会叫孩子的姓名而非昵称 | | |
| 我会用语言安抚孩子 | | |
| 我会用语言帮助孩子描述自己的想法、行动和感受，表现出对他们想法和感受的认可 | | |
| 我会通过互动帮助孩子建立自信心 | | |
| 我的语言是积极的、不带偏见的 | | |
| 我会使用开放式的问题和评论 | | |
| 我让孩子使用自己能够理解和运用的语言来进行表达 | | |
| 我尽量不用"不"这个字 | | |
| 即使是对还不会说话的婴儿，我也会向他解释为什么 | | |
| 我会使用语言解决问题 | | |
| 我会使用具体的表扬，如"我喜欢你的选择"，而不是泛泛的表扬，如"干得好" | | |

# 家庭调查表

| 姓名： | 日期： |
|---|---|
| 我们希望与家长每周联系一次（在非紧急情况下），您更喜欢哪种联系方式？（请选择并提供信息）<br><br>电子邮箱：_____  工作电话：_____<br><br>家庭电话：_____  其他：_____ | |
| 孩子的发展情况 | 对幼教机构的期望 |
| 孩子每天都在变化、成长和发展。请告诉我们您孩子目前的发展状况，如喜欢或不喜欢的事物、在家里喜欢做的事情 | 每个家庭对幼教机构都有不同的期望，请把您的想法告诉我们 |

| 家庭习惯 | 参与机会 |
|---|---|
| 我们希望了解每个家庭的习惯。您家有哪些家庭习惯可以分享给我们？<br><br>我们会邀请家庭成员参观我们的幼教机构，分享各自的家庭习惯。我们欢迎父母、祖父母、叔叔阿姨以及其他感兴趣的人参加。请告诉我们谁可以来园分享<br><br><br><br><br><br>请在这里介绍您的家庭习惯 | 我们期待家庭成员参与我们的活动。我们理解您的工作可能很繁忙。以下是一些可能的参与方式，请圈出适合您的方式。<br>• 给全班儿童读书<br>• 在家里准备材料<br>• 捐赠可回收物品<br>• 参与机构活动策划<br>• 在班级活动中提供帮助<br>• 陪同儿童外出游览<br>• 在烹饪或工艺活动中提供支持<br>• 收集表演游戏道具<br>• 做围嘴或毛毯<br>• 介绍自己的职业（如消防员、造型师、建筑师、兽医、护士等）或爱好（如岩石收集、剪贴簿、摄影等）<br>• 其他_____ |

关于家庭，您还有什么想和我们分享的吗？

# 家长调查表

（以下内容可根据幼教机构实际情况进行调整。）

如实告诉我们，您在以下方面做得怎么样。请尽可能细致地回答问题，这样能让我们为您的孩子提供更好的照料

| 问题 | 圈出你的想法<br>5= 非常同意<br>1= 非常不同意 | 备注 |
|---|---|---|
| 我感到孩子的成长和发展是被支持的 | 5　4　3　2　1 | |
| 我和孩子老师的关系很好 | 5　4　3　2　1 | |
| 和老师、管理者交流的频率和方式是令人满意的 | 5　4　3　2　1 | |
| 我感觉孩子在这种环境下成长是安全的 | 5　4　3　2　1 | |
| 我了解自己的孩子正在学什么以及他是如何发展的 | 5　4　3　2　1 | |
| 家庭活动时间安排恰当 | 5　4　3　2　1 | |
| 我对自己参与教育活动感到满意 | 5　4　3　2　1 | |
| 我能事先了解幼教机构的规定和程序（如关于工作时间、患病儿童管理等） | 5　4　3　2　1 | |
| 当我需要和管理部门的人交谈时，他们很乐意接受 | 5　4　3　2　1 | |
| 如果您想就上述任一问题进行更多的交流，请把姓名和联系方式写在下面 | | |
| 感谢您付出的时间和精力！ | | |

# 家庭及社区活动策划表

| 第1个月 | 第2个月 | 第3个月 | 第4个月 |
|---|---|---|---|
| 家庭联系： | 家庭联系： | 家庭联系： | 家庭联系： |
| 社区联系： | 社区联系： | 社区联系： | 社区联系： |
| 第5个月 | 第6个月 | 第7个月 | 第8个月 |
| 家庭联系： | 家庭联系： | 家庭联系： | 家庭联系： |
| 社区联系： | 社区联系： | 社区联系： | 社区联系： |
| 第9个月 | 第10个月 | 第11个月 | 第12个月 |
| 家庭联系： | 家庭联系： | 家庭联系： | 家庭联系： |
| 社区联系： | 社区联系： | 社区联系： | 社区联系： |
| 正在进行的联系： | | | |

# 附录D
# 迎接现场考察与评价的教师工作

教师工作 1：回顾标准

教师工作 2：讨论标准

教师工作 3：学习环境创设

每日巡查表

# 教师工作 1：回顾标准

> 现场考察马上就要来了！为了保证你已做好了充分准备，完成这个为期一周的计划，展示你是如何达到所有的标准的。祝你好运！

复印一份评估员用来考察的标准。

在一周时间里，当你完成任务后，在下面的表格中记录你做了什么。

| 标准 | 为了达到标准，我做了什么？ |
|---|---|
| 健康与安全标准： | |
| 师幼互动标准： | |
| 课程： | |
| 儿童学习评价： | |

续表

| 标准 | 为了达到标准，我做了什么？ |
|---|---|
| 学习环境： | |
| 教学： | |
| 与家庭的沟通： | |
| 与社区的联系： | |

完成后，请将本活动材料交给_____。

感谢您付出的时间和精力！

# 教师工作 2：讨论标准

现场考察马上就要来了！为了保证你已做好了充分准备，完成这个为期一周的计划，展示你是如何达到所有的标准的。祝你好运！

复印一份评估员用来考察的标准。

在这一周里，你会和另外一名教师一起在一个班级里工作。你要创建一个清单，列出你认为在现场考察期间第三方质量认证机构评估员会就相关标准提出的 10 个问题。你列出 10 个问题向另一名教师提问。反过来，让他列出 10 个问题向你提问。

1. 问题：_____

_____

答案：_____

_____

_____

_____

2. 问题：_____

_____

答案：_____

_____

_____

_____

3. 问题：_____

_____

答案：_____

_____

4. 问题：_____

　答案：_____

_____

_____

5. 问题：_____

　答案：_____

_____

_____

6. 问题：_____

　答案：_____

_____

_____

7. 问题：_____

　答案：_____

_____

_____

8. 问题：_____

_____

答案：＿＿＿＿＿＿＿＿＿＿＿＿＿＿＿＿＿＿＿＿

＿＿＿＿＿＿＿＿＿＿＿＿＿＿＿＿＿＿＿＿＿＿＿＿

＿＿＿＿＿＿＿＿＿＿＿＿＿＿＿＿＿＿＿＿＿＿＿＿

＿＿＿＿＿＿＿＿＿＿＿＿＿＿＿＿＿＿＿＿＿＿＿＿

9. 问题：＿＿＿＿＿＿＿＿＿＿＿＿＿＿＿＿＿＿＿

＿＿＿＿＿＿＿＿＿＿＿＿＿＿＿＿＿＿＿＿＿＿＿＿

答案：＿＿＿＿＿＿＿＿＿＿＿＿＿＿＿＿＿＿＿＿

＿＿＿＿＿＿＿＿＿＿＿＿＿＿＿＿＿＿＿＿＿＿＿＿

＿＿＿＿＿＿＿＿＿＿＿＿＿＿＿＿＿＿＿＿＿＿＿＿

＿＿＿＿＿＿＿＿＿＿＿＿＿＿＿＿＿＿＿＿＿＿＿＿

10. 问题：＿＿＿＿＿＿＿＿＿＿＿＿＿＿＿＿＿＿

＿＿＿＿＿＿＿＿＿＿＿＿＿＿＿＿＿＿＿＿＿＿＿＿

答案：＿＿＿＿＿＿＿＿＿＿＿＿＿＿＿＿＿＿＿＿

＿＿＿＿＿＿＿＿＿＿＿＿＿＿＿＿＿＿＿＿＿＿＿＿

＿＿＿＿＿＿＿＿＿＿＿＿＿＿＿＿＿＿＿＿＿＿＿＿

＿＿＿＿＿＿＿＿＿＿＿＿＿＿＿＿＿＿＿＿＿＿＿＿

完成后，请将本活动材料交给＿＿＿＿＿＿＿＿。

感谢您付出的时间和精力！

任何人在面对第三方质量认证机构评估员时，都会感到恐慌。不过，恐慌完全没必要。评估员想要做的就是了解一些他没有观察到的事情，或者他可能希望更深入地了解之前所观察到的内容。此时，被访者可以展示、分享班级或者幼教机构的积极方面。下面是一些问题，可以帮助教师思考评估员可能会询问什么样的问题。

问题（这些只是例子，而不一定是实际中会遇到的问题）

- 介绍一下你的教育指导方式。
- 孩子们在雨天会做什么类型的活动？
- 如何做一日计划？
- 如何对孩子们进行观察和评估？
- 在你的班级里，如何满足孩子的特殊需求？
- 介绍一下班级常规。
- 如何让家长参与到班级活动中？
- 在遇到突发状况时，你会怎么办？
- 如何使用观察记录？
- 你所在的幼教机构的教育理念是什么？
- 在日常活动中，如何抓住一些预料之外的学习机会？
- 如何培养适合孩子年龄特点的读写能力？
- 如何使用多媒体？
- 如何理解班级中存在的多元差异性？

# 教师工作 3：学习环境创设

> 现场考察马上就要来了！为了保证你已做好了充分的准备，完成这个为期一周的计划，展示你是如何达到所有的标准的。祝你好运！

复印一份评估员用来考察的标准。

回顾标准，列出那些专门针对班级学习环境的内容，参观教室并描述自己创设的环境应如何达到这些标准。

学习环境标准　　　　　　　　　我怎么做才能够达到标准？

_____　　　_____

_____　　　_____

_____　　　_____

_____　　　_____

_____　　　_____

_____　　　_____

_____　　　_____

_____　　　_____

_____　　　_____

_____　　　_____

_____　　　_____

_____　　　_____

完成后，请将本活动材料交给_____。

感谢您付出的时间和精力！

# 每日巡查表

日期：＿＿＿＿＿＿＿

☐ 机构环境是干净且吸引人的。

☐ 遵循正确的洗手步骤。

☐ 遵循正确的换尿布程序。

☐ 每间教室都有教师与家长沟通、交流的迹象。

☐ 每间教室都能看到儿童的学习。

☐ 创设鼓励儿童学习的班级环境。

☐ 每间教室都有足够的材料，供儿童玩耍和学习。

☐ 教师鼓励儿童发展适合其年龄特点的数学技能。

☐ 教师鼓励儿童发展适合其年龄特点的阅读技能。

☐ 教师鼓励儿童发展适合其年龄特点的书写技能。

☐ 教师鼓励儿童发展问题解决能力。

☐ 教师使用适合儿童年龄特点的指导方式。

☐ 教师和儿童进行有意义的对话。

☐ 教师向儿童提出适合其年龄特点的开放式问题。

☐ 每天做好计划，以平衡教师主导和儿童主导的活动。

☐ 每天都开展大肌肉运动活动。

☐ 教师对儿童学习情况进行观察。

☐ 教师有计划地让家长参与到班级活动中。

☐ 教师尊重班级和社区中的多元化差异。

☐ 班级令人感到温暖，体现了以儿童为中心。

弱势领域：_____

_____

_____

_____

改进行动计划：_____

_____

_____

_____

_____

# 参考文献

American Montessori Society. 2008. *School accreditation standards and criteria: School improvement through American Montessori Society school accreditation.* New York: American Montessori Society.

Beich, E., and E. West. 2004. *ASTD training certification manual.* Alexandria, VA: ASTD Publications.

Bentham, Renee. 2008. Rich environments for adult learners. *Young Children* 63 (3): 72–74.

Bergen, Sharon. 2009. *Best practices for training early childhood professionals.* St. Paul, MN: Redleaf Press.

Commission on International and Trans-Regional Accreditation. 2008. *Standards and quality indicators: Schools, centers, and education providers.* Tempe, AZ: Commission on International and Trans-Regional Accreditation.

Committee on Early Childhood, Adoption, and Dependent Care. 2005. Quality early education and child care from birth to kindergarten. *Pediatrics* 115 (1): 187–91.

Copple, Carol, and Sue Bredekamp, eds. 2009. *Developmentally appropriate practice in early childhood programs serving children from birth through age 8.* 3rd ed. Washington, DC: National Association for the Education of Young Children.

Curtis, Deb, and Margie Carter. 2003. *Designs for living and learning: Transforming early childhood environments.* St. Paul, MN: Redleaf Press.

Galinsky, Ellen, Carollee Howes, Susan Kontos, and Marybeth Shinn. 1994. *The study of children in family child care and relative care: Highlights of findings. New York: Family and Work Institute.

Harms, Thelma, Richard M. Clifford, and Debby Cryer. 2005. *Early childhood environment rating scale*. Rev. ed. New York: Teachers College Press.

Helburn, Suzanne W., ed. 1995. *Cost, quality, and child outcomes in child care centers*. Public report. Denver: Economics Department, University of Colorado.

Hyson, Marilou. 2008. *Enthusiastic and engaged learners: Approaches to learning in the early childhood classroom*. New York: Teachers College Press.

Katz, Lilian. 1993. Multiple perspectives on the quality of early childhood programs. *Eric Digest* ED355041. Urbana, IL: ERIC Clearinghouse on Elementary and Early Childhood Education.

Lee, Kathy. 2003. *Solutions for early childhood directors: Real answers to everyday challenges*. Beltsville, MD: Gryphon House.

National Accreditation Commission. 2007. *Accreditation for the 21st century: Trainer's guide*. Austin, TX: National Association of Child Care Professionals.

National Association for the Education of Young Children. 2005a.*Curriculum: A guide to the NAEYC early childhood program standard and related accreditation criteria*. Washington, DC: National Association for the Education of Young Children.

——.2005b. *Health: A guide to the NAEYC early childhood program standards and related accreditation criteria*. Washington, DC: National Association for the Education of Young Children.

——. 2005c. *NAEYC early childhood program standards and accreditation criteria: The mark of quality in early childhood education*. Washington, DC: National Association for the Education of Young Children.

——. 2005d. *Physical environment: A guide to the NAEYC early childhood program standard and related accreditation criteria*. Washington, DC: National Association for the Education of Young Children.

——. 2005e. *Relationships: A guide to the NAEYC early childhood program standard and related accreditation criteria*. Washington, DC: National Association for the Education of Young Children.

——. 2005f. *Teaching: A guide to the NAEYC early childhood program standard and related accreditation criteria.* Washington, DC: National Association for the Education of Young Children.

National Child Care Staffing Study. 1989. Who cares? Child care teachers and the quality of care in America. Primary investigators Marcy Whitebrook, Carollee Howes, and Deborah Phillips. Oakland, CA: Child Care Employee Project.

National Early Childhood Program Accreditation Commission. 1994. *NECPA self assessment instrument.* Mount Pleasant, SC: National Early Childhood Program Accreditation.

Pianta, R. C. 1999. *Enhancing relationships between children and teachers.* Washington, DC: American Psychological Association.

World Health Organization. 1948. Preamble to the constitution of the World Health Organization. In *Official records of the World Health Organization,* vol. 2, 100. Geneva, Switzerland. Quoted in National Association for the Education of Young Children. 2005c.

出 版 人 李　东
责任编辑 赵建明　毕文芳
版式设计 孙欢欢
责任校对 贾静芳
责任印制 叶小峰

图书在版编目（CIP）数据

质量认证背景下的幼儿园自我评价：提升幼儿园教
育质量的行动经验 /（美）雷切尔·罗伯森，（美）米莉
安·德莱斯勒著；刘昊，陈敏倩，张冬霞译. —北京：
教育科学出版社，2021.1（2023.9重印）
书名原文：Prove It! Achieving Quality
Recognition for Your Early Childhood Program
ISBN 978-7-5191-2294-2

Ⅰ. ①质… Ⅱ. ①雷… ②米… ③刘… ④陈… ⑤张…
Ⅲ. ①幼儿园—教育质量—教育评估 Ⅳ. ①G612

中国版本图书馆CIP数据核字（2020）第172765号
北京市版权局著作权合同登记　图字：01-2020-6394号

质量认证背景下的幼儿园自我评价——提升幼儿园教育质量的行动经验
ZHILIANG RENZHENG BEIJING XIA DE YOU'ERYUAN ZIWO PINGJIA——TISHENG YOU'ERYUAN
JIAOYU ZHILIANG DE XINGDONG JINGYAN

| | | | | |
|---|---|---|---|---|
| 出 版 发 行 | 教育科学出版社 | | | |
| 社　　　址 | 北京·朝阳区安慧北里安园甲9号 | 邮　　编 | 100101 |
| 总编室电话 | 010-64981290 | 编辑部电话 | 010-64989365 |
| 出版部电话 | 010-64989487 | 市场部电话 | 010-64989572 |
| 传　　　真 | 010-64989419 | 网　　址 | http://www.esph.com.cn |
| 经　　　销 | 各地新华书店 | | |
| 制　　　作 | 北京京久科创文化有限公司 | | |
| 印　　　刷 | 保定市中画美凯印刷有限公司 | | |
| 开　　　本 | 720毫米×1020毫米　1/16 | 版　　次 | 2021年1月第1版 |
| 印　　　张 | 16 | 印　　次 | 2023年9月第2次印刷 |
| 字　　　数 | 210千 | 定　　价 | 45.00元 |